SE ✓

Sonia Kell

Die Lügen meines Meisters

seitenblick

Für Thomas

Titelbild: Helmut Wolech, Wien
Titelgestaltung: T&M, St. Augustin

ISBN: 978-3-933540-06-5

Schon als ich am Kiosk stehe, klopft mein Herz wie verrückt. Dabei kaufe ich nur den *Bazar*, das Anzeigenblatt unserer Region, und noch ist überhaupt nichts passiert. Es muss auch gar nichts passieren. Noch ist nichts entschieden. Ich kann auch bloß gucken und es dabei belassen. Nur das habe ich schon oft genug getan, mit heißen Wangen und feuchten Händen eine Nummer gewählt und dann feige wieder aufgelegt, bevor es klingeln konnte. Nein, das will ich nicht mehr. Heute mache ich ernst, heute mache ich es. Ich will es, ich tue es, basta!

Das Wechselgeld, das Anna mir reicht, fällt mir aus der Hand, rutscht zwischen die Stapel von *Rundschau* und *Express* und muss mühsam herausgeklaubt werden. Am liebsten würde ich das Wechselgeld sausen lassen, aber das würde nur dumme Fragen nach sich ziehen, also warte ich geduldig, bis auch der letzte zutage gefördert wurde.

Jupp Küppers, der gerade herangewalzt kommt, um seine abendliche Ration Underberg abzuholen, schielt auf die Zeitung, die unter meiner Achsel klemmt. »*Bazar?* Brauchste was, Kind? Ich kann dir alles besorgen. Was suchste denn?«

»Nee, Jupp, danke, ist wirklich nett«, sage ich hastig, klopfe ihm angestrengt lächelnd auf die Schulter und trete schnell den Rückzug an, bevor er mich weiter löchern kann. Schließlich kann ich ihm schlecht erzählen, was ich vorhabe.

Niemand weiß Bescheid, nur meine beste Freundin Anke, durch die der Stein überhaupt erst ins Rollen gekommen ist. Hätte sie mich vor ein paar Monaten nicht zu dieser Sexmesse geschleift, säße ich jetzt wahrscheinlich auf dem Trimmrad im Fitnessstudio oder gemütlich mit ein paar Freunden in irgendeiner Kneipe, anstatt verlegen, als ob mir jeder mein Vorhaben ansehen könnte, mit meiner Zeitung unter dem Arm nach Hause zu marschieren.

Aber Anke hatte auf mich eingeredet: »Die *Erotica* muss man mal gesehen haben, Sabina kommt auch mit, jetzt stell dich nicht so an, das ist doch ein Riesenspaß.«

So zogen wir also los, trabten im strömenden Regen zum Rheinufer, standen länger als eine halbe Stunde in der Kassenschlange, um dann schließlich mit der regenfeuchten, muffig riechenden Menge hinein und durch Gänge voller Kunstpimmel und Reizwäsche geschwemmt zu werden – ein Riesenspaß, klar. Komischerweise schienen Anke und Sabina sich tatsächlich zu amüsieren, während ich bloß darauf wartete, dass sie genug hätten und wir endlich wieder gehen könnten. Aber daran war noch gar nicht zu denken. Schließlich war der stolze Eintrittspreis ja nun bezahlt, und da wollten sie auch was sehen für ihr Geld. Also mussten wir auch noch ins Obergeschoss, wo man die Artikel für den ausgefallenen Geschmack präsentierte.

Immerhin war es hier wenigstens nicht ganz so überfüllt, und so war es möglich, auch mal an einen Stand heranzutreten, ohne von anderen Schaulustigen erdrückt zu werden. Anke und Sabina nutzten die Gelegenheit ausgiebig, bestaunten kichernd Peitschen, Fesseln und was es sonst zu sehen gab, während ich ein wenig abseits auf der Stelle herumtrat und mich darüber ärgerte, dass ich vor unserem Aufbruch nicht noch mal aufs Klo gegangen war. Ich musste. So dringend, dass mich nicht mal der Gedanke an den ekligen Zustand von Messetoiletten am späten Nachmittag abschrecken konnte. Ich sagte Anke und Sabina Bescheid, dass ich irgendwo in der Nähe des Ausgangs auf sie warten würde, und machte mich auf den Weg.

Das Treppenhaus befand sich genau auf der entgegengesetzten Seite der Halle. Ich ging rechts an den Ständen vorbei, was sich als Fehler herausstellte, denn als ich etwa die Hälfte der Strecke zurückgelegt hatte, dröhnte auf einmal Musik aus den Lautsprechern und das Reststück des vor mir liegenden Gangs verdunkelte sich. Ich schob mich vorwärts, bis es nicht mehr weiter ging. Eine Menschentraube versperrte mir den Weg. Ich stellte mich auf die Zehenspitzen. Offensichtlich umstanden die Leute eine Art Bühne, auf der gerade eine Vorstellung begonnen hatte. Sehen konnte ich allerdings nichts von dem, was sich dort abspielte, nur die bunten Scheinwerfer und ab und zu den glatzköpfigen Schädel eines Mannes. Ich drängelte mich vorwärts, aber je näher ich der Bühne kam, desto schwieriger wurde es.

»He!«, beschwerte sich ein blonder Braveheart-Typ, weil ich auf seinen Füßen stand.

»Sorry«, sagte ich ziemlich angenervt und wollte mich weiter vorwärtsschieben.

Doch seine große Hand legte sich flach auf meinen Bauch und der Druck seines kräftigen Unterarms hielt mich zurück. »Das war keine akzeptable Entschuldigung«, sagte er kühl.

Nicht nur die Bemerkung, der Tonfall, sondern vor allem, dass er mich, eine völlig Fremde, einfach auf diese Weise berührte, mich festhielt, also das war ... das war doch wohl ...! Mir lagen schon ein paar herbe Worte auf der Zunge, doch irgendwas in seinem vollkommen ernsten Gesicht, zu dem ich aufblicken musste, da er mich um einiges überragte, ließ mich verstummen.

»Willst du's noch mal versuchen?«, fragte er ruhig und mit einer Bestimmtheit, als hätte ich überhaupt keine andere Wahl.

Seine Augen fixierten mich, und sein Blick war so zwingend, dass ich tatsächlich wie in Trance »Tschuldigung« murmelte.

Langsam und mit betont unzufriedener Miene schüttelte er den Kopf. »Nicht überzeugend. Machs besser.«

Ich starrte ihn sprachlos mit großen Augen an. Seine Hand bewegte sich langsam von meinem Bauch hoch zu meinen Brüsten, umfasste und streichelte diese wie selbstverständlich. Ich stand einfach nur da und ließ es geschehen. Vermutlich, weil ich gar nicht glauben konnte, dass das alles tatsächlich passierte.

Dann kniff er mich sehr fest in die rechte Brustwarze. Ein Schmerzblitz durchzuckte meinen Körper, und ich gab einen merkwürdigen Laut von mir, eine Art gurgelndes Schreien. Da war Schmerz, aber auch noch etwas anderes, ein Gefühl, das ich nicht kannte und das so intensiv und überraschend war, dass ich alles um mich herum vergaß. Ich registrierte ein paar neugierig-lüsterne Blicke von Umstehenden, aber sie berührten mich überhaupt nicht, so sehr war ich mit meinen eigenen Empfindungen beschäftigt.

»Wird's bald?!«, fragte er zischend, dann schob er seine Hand unter mein Shirt, riss mir den BH einfach hoch, und kniff in die jetzt ganz ungeschützte Warze, wieder und wieder, nahm sich dann die andere Brust vor, und auf einmal knickten meine Knie weg. Fallen konnte ich nicht, dazu war es zu eng, und da war auch sein starker Arm, der mich hielt, mich an seinen Körper presste. Mir war heiß und schwindelig, und ich glaubte, keine Luft mehr zu kriegen. Ich hörte seine Stimme wie durch Watte: »Na los! Sag: Entschuldige bitte, es tut mir wirklich sehr, sehr leid.« Wieder fuhren Schmerzblitze durch mich hindurch, aber ich konnte nicht sprechen, konnte gar nichts mehr tun.

Er lächelte und strich mit einer Fingerspitze zärtlich die Rinne zwischen meinen Brüsten abwärts. Dann packte er plötzlich meine Jeans vorne am Bund und riss sie brutal hoch in meinen Schritt. Ich stöhnte auf, krümmte mich und sackte schwer in seinem Arm zusammen. Aber er hielt mich, hielt mich aufrecht, während er meinen Gürtel öffnete und meine Jeans aufknöpfte. Ich wehrte mich nicht, dachte nicht mal daran. Seine Hand schob sich in meinen Slip, drängte sich zwischen meine Schenkel, öffnete mich energisch. Meine Muskeln waren wie aus Wasser, ich löste mich auf, verdampfte in der wahnsinnigen Hitze. Eine Frau schrie. War ich das? Dann wurde alles dunkel um mich herum.

Plötzlich fand ich mich draußen im Regen vor dem Gebäude wieder, ohne zu wissen, wie ich dort hingekommen war. Nass bis auf die Haut stand ich vor der Laderampe, und meine Freundinnen hielten mich zu beiden Seiten an den Ellenbogen fest und redeten auf mich ein, wollten wissen, was passiert war. Aber darauf hatte ich auch keine Antwort.

Irgendwie überredete Anke jemanden, uns nach Hause zu fahren. Die beiden zerrten mich aus dem Auto, die Treppen hoch, in meine Wohnung, wo mein Freund Egbert schon wartete. Ich schloss mich im Bad ein und überließ es Anke und Sabina, ihm meinen Zustand zu erklären.

Ganz benommen pellte ich mich aus meinen Sachen, während heißes Wasser in die Wanne lief. Als ich das nasse Kleiderbündel vom Boden aufhob, um es in die Waschmaschine zu stopfen, fiel mir das strenge Aroma auf: Meine Jeans roch nicht nur nach feuchter Baumwolle! Da fiel mir wieder ein, dass alles damit angefangen hatte, dass ich so dringend aufs Klo musste. Hatte ich mir etwa zwischen all diesen Leuten stehend in die Hosen gepinkelt? Vor diesem Mann? Ich konnte mich einfach nicht erinnern, nur das Gefühl war noch lebendig, dieser Mischmasch von Schmerz, Schwäche, Hitze und einer wahnsinnigen, nie gekannten Erregung, die meinen ganzen Körper in Aufruhr versetzt hatte.

Ich sah auf meine Brüste herunter und erkannte, dass die Spitzen geschwollen und an manchen Stellen dunkelrot verfärbt waren. Vorsichtig betastete ich sie, und das Gefühl verstärkte sich. Erneut wurde mir schwindelig, und ich meinte, wieder diese große, kräftige Hand zwischen meinen Schenkeln zu spüren, die meinen Hügel packte, quetschte und knetete, seine Finger, die meine Schamlippen rieben, sehr fest, hart, brutal geradezu, doch nicht ungeschickt, sondern wissend, dass ich es so und nicht anders brauchte, und die mich hineinzwangen in eine Ekstase, die ich zuvor noch nie erlebt hatte. War das wirklich geschehen? Hatte mir ein wildfremder Mann im Gedränge einer Sexmesse den ersten Orgasmus meines Lebens verschafft? Hatte ich mir dabei in die Hosen gemacht? Hatte er mich nach draußen geschafft und in den Regen gestellt, oder war ich selbst dorthin geflüchtet?

Ich hielt mich über eine Stunde im Bad auf, und als ich herauskam, waren Anke und Sabina längst gegangen. Egbert saß auf der Couch, sah mich besorgt an und fragte: »Was ist denn?«

»Vielleicht ein Virus oder so«, log ich. »Mir ist schlecht geworden. Ich leg mich gleich hin.«

Er spielte die Krankenschwester, brachte mich zu Bett, ging in die Küche, um mir Kamillentee zu kochen. Als er mit dem Tee kam, stellte ich mich schlafend, woraufhin er das Licht ausmachte und leise die Wohnung verließ. Im Dunkeln wälzte ich mich hin und her, allein mit meinen Bildern, meiner Geilheit, meiner Scham, meinen Schuldgefühlen, dermaßen aufgeregt und verstört, dass ich die ganze Nacht nicht zur Ruhe kommen konnte.

Egbert rief am nächsten Morgen an. »Geht's dir besser?«, wollte er wissen, und als ich ja sagte, fragte er nicht weiter nach. Aber Anke, die sich kurz darauf meldete, ließ sich nicht so leicht abwimmeln. Sie löcherte mich so lange, bis ich ihr, vor Verlegenheit stotternd, alles erzählte.

»He, das ist doch kein Problem«, meinte sie dazu bloß. »Stehst du halt auf SM, na und? Tun doch viele.«

Obwohl Anke und ich schon seit der Grundschule beste Freundinnen sind, hatten wir uns nie groß über Sex unterhalten. Vielmehr: Anke hatte oft darüber gesprochen, nur ich hatte mich ausgeschwiegen. Ich hatte dazu eben einfach nichts zu sagen.

Ich war schon ewig mit Egbert zusammen, sieben Jahre, und er hatte sich damit abgefunden, dass mir die Sache keinen großen Spaß machte. Wir waren uns darüber einig, dass das nicht das wichtigste in einer Beziehung ist. Er liebte mich, ich liebte ihn, und wir hatten Pläne für die Zukunft: heiraten, ein Haus im Grünen, aber in Stadtnähe bauen oder kaufen, groß genug für uns und Egberts Eltern, die, nach meinem abgelaufenen Erziehungsurlaub, unsere beiden Kinder hüten würden. Wir hatten sogar schon die Namen ausgesucht: Olivia und Gemma für Mädchen, Roman und Dominik für Jungen. Diese wöchentliche Viertelstunde, na ja, die gehörte eben dazu, aber die Sache hatte für uns beide nie so eine große Bedeutung gehabt, wie beispielsweise für Anke. Abgesehen von ihren zahlreichen Liebhabern war sie auch immer bestens informiert, las Artikel, wie man sein Sexleben verbessern kann, und sah sich Erotikmagazine im Fernsehen an.

Doch obwohl ich nie ein Wort darüber verloren hatte, hatte Anke wohl immer schon geahnt, dass etwas mit mir nicht stimmte, denn sie sagte mir jetzt auf den Kopf zu, dass es wohl das erste Mal gewesen wäre, dass ich überhaupt irgendwas gefühlt hätte.

Ich gab es zu, und sie redete beruhigend auf mich ein: »Das ist doch nichts Schlimmes, sei doch froh, dass du deine Sexualität jetzt entdeckt hast«, und so weiter. Dann wollte sie wissen, ob ich schon mit Egbert geredet hätte, woraufhin ich total in Panik geriet.

Ich drohte ihr, dass es mit unserer Freundschaft ein für alle Mal vorbei wäre, wenn sie es ihm oder sonst wem sagen würde.

Als sie merkte, wie ernst es mir war, versprach sie, den Mund zu halten.

Aber sie redete mir in den kommenden Wochen immer wieder ins Gewissen: »Einen Mann zu heiraten, dem du nicht mal so weit vertraust, dass du ihm sagen kannst, was du im Bett brauchst, das ist doch total bescheuert! Du musst das mit Egbert klären, und wenn das mit ihm nicht läuft, trenn dich und such dir jemanden anderen. Jetzt hast du noch die Möglichkeit dazu. Es gibt doch genügend Männer, die auf SM abfahren, da hast du freie Auswahl und kannst dir einen rauspicken, der nett ist *und* sexuell zu dir passt.«

Aber so einfach war die Sache nicht. Seit diesem Erlebnis verbrachte ich halbe Nächte mit der Hand zwischen den Schenkeln, doch die Männer in meinen Fantasien waren immer Fremde, einfach nur vage Schemen. Mit Partnerschaft hatte das alles überhaupt nichts zu tun. In einer Beziehung mit einem Mann zu leben, womöglich Kinder mit ihm zu haben und ihn *das* mit mir machen zu lassen, schloss sich absolut aus. Ganz von Egbert abgesehen, ich konnte es mir grundsätzlich nicht vorstellen.

»Oh«, machte Anke dazu, dachte einen Augenblick nach und sagte dann: »Trotzdem, du kannst doch nicht ewig mit so einer Lüge leben.«

»Herrgott, ich hab das doch nicht gewollt! Ich bin überrumpelt worden. Was soll das denn bringen, wenn ich es Egbert sage? Es verletzt ihn nur.«

»Ich meine doch nicht diese Messe-Geschichte! Was willst du denn in Zukunft machen? Affären haben, wenn's dich überkommt?«

»Nein!«

»Was dann?«

»Na, nichts.«

»Du willst dein Leben lang freiwillig auf guten Sex verzichten? Du hast sie doch nicht mehr alle! Das funktioniert nie! Du hast jetzt ein einziges Erlebnis gehabt! Da kannst du noch gar nicht wissen, wie du gestrickt bist und ob das für dich wirklich nicht zusammengeht, Beziehung und SM. Mach doch erst mal ein paar Erfahrungen und guck, wo dich das hinführt. Gib dir ein paar Monate, um rauszufinden, was Sache ist, und dann kannst du dir überlegen, wie deine Zukunft aussehen soll.«

Aber dazu war ich zu dem Zeitpunkt nicht bereit. Ich dachte, das könnte ewig so weitergehen: hier mein gewohntes Leben, das ich gar nicht anders haben wollte, und da meine Fantasien. Doch schon nach ein paar Monaten begann sich alles zu verändern.

Ich wurde zunehmend unruhiger, gereizter, auch Egbert gegenüber, vor allem, wenn es aufs Wochenende zuging. Wir sahen uns zwar täglich, aber da er wesentlich früher als ich aufstehen musste, schlief er gewöhnlich von Montag bis Donnerstag in seinem Apartment. Das Wochenende verbrachten wir jedoch immer zusammen, meist bei mir, und wenn er neben mir schlief, konnte ich meinen Träumen nicht nachhängen. Die uferten immer weiter aus, verloren gleichzeitig aber mehr und mehr ihren Reiz, vielleicht auch, weil ich ihnen ständig nachging. Immer öfter stellte sich danach ein Gefühl des Unbefriedigtseins, eine Enttäuschung ein.

Anke hatte nichts ausgeplaudert, aber sie setzte mir nach wie vor zu. »So kann das wirklich nicht weitergehen!«, regte sie sich auf. »Du musst rausfinden, wo du stehst!«

»Aber ich will keine Affäre anfangen! Ich kann Egbert nicht so hintergehen!«

»Aber das tust du sowieso doch längst!«

»Die Gedanken sind immer noch frei!«

»Ach, du machst dir doch bloß was vor! Du brauchst dich ja auch nicht gleich auf eine Affäre einzulassen. Nimm dir jemanden für eine Nacht. Probier's einfach mal aus. Sieh's als Experiment.«

Sie hatte ja recht. Ich führte ein Doppelleben. Auch wenn das nur in meinen Gedanken stattfand, hatte es ähnliche Auswirkungen wie ein realer Betrug. Ich lebte in meiner eigenen Welt, zog mich von Egbert zurück, wollte immer weniger Zeit mit ihm verbringen.

Trotzdem schreckte ich davor zurück, mich bewusst und willentlich mit einem anderen Mann einzulassen, und sei es nur für eine Nacht. Ich fürchtete mich vor den Konsequenzen, davor, noch tiefer in diesen Strudel hineingezogen zu werden, sodass die Beziehung zu Egbert schließlich ganz zerstört würde. Natürlich hatte ich auch Angst vor der Sache selbst, davor, mich einem mehr oder weniger Unbekannten auszuliefern, einem Sadisten, der dann, wenn er mich erst mal in der Hand hätte, Gottweißwas mit mir anstellen könnte – obwohl der Gedanke gleichzeitig schon wieder neue lüsterne Fantasien hervorrief ...

Ich spielte Wochen und Monate mit der Möglichkeit, kaufte mir den *Bazar* und studierte die Anzeigen, malte mir in leuchtenden Farben aus, wie es sein könnte, einmal nur, einmal richtig ... Manchmal hatte ich den Telefonhörer schon in der Hand, doch in letzter Minute verließ mich der Mut immer wieder.

Aber das wird heute nicht passieren. Ich bin festentschlossen. Und wenn ich auch vor Aufregung kaum mehr atmen kann, ich werde hier auf der Couch sitzen bleiben, und wenn mir eine Anzeige gefällt, rufe ich an. Schließlich ist das ja noch ganz unbedenklich. Ich kann jederzeit wieder auflegen. Und selbst wenn ich mich verabreden sollte, kann ich es mir immer noch anders überlegen und nicht hingehen. Die ersten Schritte sind ohne jede Gefahr.

Also los jetzt! Wo ist die Seite? Mit zitternden Fingern blättere ich herum. Hinter Autozubehör, jetzt muss es doch endlich kommen! Nein, da sind schon die Partys, Hostessen und Telefonsexgirls. Nochmal zurück. Ja, hier ist es:

Harte Zeiten. Er sucht Sie. Für eine Nacht.

Möchtest du (20 - 35) einmal als Dienstmädchen (Dress vorhanden) einem anspruchsvollen, gut aussehenden Herrn (45, 180, 75) dienen, seine Wohnung putzen, Feuer im Kamin machen, bei Tisch servieren usw. und anschließend für deine Leistungen belohnt und für deine Fehler bestraft werden?

Auf keinen Fall!

Junger Mann, 180/76, SM-Neuling, träumt von einer aufregenden Nacht mit einer schönen, strengen Lady ...

Falsche Baustelle.

Suche geile Gummischlampe mit großen Titten ...
Gut gebauter, beringter Sklave (23/1,78, 70) sucht ...
Möglichst junge, schmerzgeile, extrem belastbare Sklavin für den 23.04. gesucht. Ausländerin bevorzugt ...

Du liebe Güte!

Suchst du nach dem besonderen Erlebnis? Möchtest du dich einmal einem gut aussehenden, erfahrenen, einfühlsamen Meister anvertrauen, der die dunklen Seiten deiner Seele auslotet und dir eine Nacht voll köstlicher Pein und Lust bereitet? 100% Diskretion erwartet und zugesichert.

Nicht schlecht! Aber bloß über Chiffre, Mist!

SM-Frau für Partybesuch am Samstag gesucht ...
Wo ist das geile Ponygirl ...
Fußfetischist möchte einer dominanten Dame ...
Englischer Lehrer bietet junger Dame mit knackigem Po strenge Rohrstockerziehung ...
Schmerzgeile Sie für Session gesucht. Alter und Aussehen egal, bloß Geilheit zählt ...
Reicher Mann, dominant, schlank, elegant, empfängt Sa. in luxuriösem Ambiente die tabulose, absolut devote Sklavin ...
Rocker sucht Braut ...
Naturveranlagte Sklavin bis 65 gesucht von niveauvollem, gepflegtem Herrn, 61, 172/70, 34!!! ...

Frau lese und staune ... (!!!)

Vielleicht sollte ich doch auf die Chiffre antworten? Das nützt mir zwar heute nichts, wo die Gelegenheit günstig ist, da Egbert das ganze Wochenende in Freiburg bei einer Schulung verbringt, aber bei diesen Anzeigen ...

Na ja, mal sehen. Ein paar kommen ja noch. Hier. Die hier ist doch gar nicht mal schlecht! Drei Worte nur, der Name und die Telefonnummer: *Himmel und Hölle. Leon.*

Das hat was. Gefällt mir. Bringt die Sache auf den Punkt und lässt doch alles offen.

Soll ich?

Ja.

Ja, den ruf ich an! Jetzt gleich!

Entschlossen fange ich an zu wählen, aber als ich die Hälfte der Nummer eingetippt habe, überrollt mich eine Woge der Angst, und mein Herz fängt wie wild an zu rasen.

Was soll ich bloß sagen? Ich kann das nicht. Ich kann's einfach nicht.

Ach, Unsinn! Natürlich kann ich! Es ist nur ein Anruf, also los, weiter jetzt!

Ich tippe die restlichen Ziffern ein, und da ist auch schon das Rufzeichen. Es klingelt achtmal, neunmal, nichts.

Gnädiges Schicksal, denke ich erleichtert und will gerade wieder auflegen, als doch noch abgenommen wird.

Dann seine Stimme, tief, sehr männlich: »Ja?« Kurz angebunden, unwirsch.

»Hallo?«, krächze ich. Mein Mund ist trocken, meine Hände dagegen schweißnass.

Es ist nur ein Anruf, also ganz ruhig. Genau dasselbe, womit ich den größten Teil des Tages verbringe. Zwar geht's da ums Verkaufen und für so was hat man ja seine Strategien, aber immerhin bin ich daran gewöhnt, mit Fremden zu telefonieren, sie schnell nach ein paar Worten einzuschätzen.

»Hallo«, wiederhole ich noch einmal, diesmal mit klarer Stimme. »Ich hab deine Anzeige im *Bazar* gelesen.«

Stille. Warum sagt er nichts?

»Du bist doch Leon, oder?«

»Ja?«, sagt er zögernd, als wäre er sich da ganz und gar nicht sicher, und fügt nach einer kurzen Pause distanziert hinzu: »Was kann ich für dich tun?«

»Was kann ich für dich tun?«, wiederhole ich verblüfft, und dann ziemlich schroff: »Was soll das denn heißen?«

Wieder kommt von der anderen Seite nichts als Schweigen.

»Ich ... ich hab mich wohl verwählt«, sage ich, jetzt einigermaßen verwirrt. »Entschul ...«

»Nein!«, fällt er mir rasch ins Wort. »Nicht auflegen, bitte. Ich muss mich entschuldigen. Es ist ... Ich hatte nur einen ziemlich schlimmen Tag, das ist alles. Ich war einfach ... etwas durcheinander, tut mir leid.«

Ich merke, wie er sich sammelt, nach der richtigen Stimmung sucht, und als er wieder spricht, ist seine Stimme warm und schmeichelnd: »Fangen wir noch mal von vorne an?«

Er scheint sich gut im Griff zu haben, das gefällt mir. Ja, auch wenn das kein berauschender Anfang war, habe ich trotzdem ein gutes Gefühl.

»Okay. Ich wollte dich auch nicht gleich so anfahren. Es ist nur ... die Situation. Ich bin etwas nervös.«

»Dein erster Versuch in dieser Richtung?«, fragt er freundlich.

»Na ja, ich hab schon länger mit dem Gedanken gespielt, und dann ... hab ich mich doch nie getraut. Aber als ich deine Anzeige sah heute ...«

»Hast du ganz schnell die Nummer gewählt, bevor du's dir wieder anders überlegen konntest«, sagt er mit einem großen Lächeln in der Stimme.

»So ungefähr.« Ich muss auch grinsen. Er ist nett, wusste ich doch!

»Himmel und Hölle, das hat dich also angesprochen, hm?«

»Na ja, das ließ so vieles offen, Möglichkeiten ... Ich meine, ich kann nicht so genau sagen ... also SM, ja ... aber konkrete Vorstellungen ...« Ich weiß nicht mehr weiter, weiß nicht, wie ich die richtigen Worte finden soll. Vor lauter Aufregung kann ich schon überhaupt nicht mehr klar denken. »Ich meine, ich hab überhaupt keine Erfahrung«, ende ich lahm, mit hörbar zitternder Stimme.

»Okay«, erwidert er sanft. »Schon okay. Das ist kein Problem.«

»Gut«, sage ich erleichtert und fühle mich schon viel besser.

»Aber du hast doch sicher bestimmte Fantasien?«, fragt er freundlich.

»Was? Oh, ich dachte ... Willst du die jetzt wissen?«, stammele ich erschreckt, und wieder bricht mir der Schweiß aus.

»Na ja, SM ist ein ganz schön weites Feld«, sagt er locker. »Von meiner Seite aus ist eine Menge möglich, aber eben auch nicht alles, und wenn du – wie heißt du eigentlich?«

»Sonia.«

»Also, Sonia, wenn du zum Beispiel in deinen Fantasien aktiv bist, ich meine, in der dominanten Rolle, und du so was ausprobieren möchtest, dann wäre das mit mir nur bis zu einem gewissen Grad möglich. Ein paar kleine Richtungshinweise, was du dir so vorstellst, wären schon ganz gut.«

»Ja, äh, eigentlich ... Also, das bin ich wohl eher nicht ...«, stottere ich. »Ich meine ... dominant. Eher ... äh ...«

»Unterwürfig?«, fragt er sinnlich gedehnt, und die Art, wie er das Wort ausspricht, löst ein scharfes Ziehen zwischen meinen Beinen aus.

»Äh ... ja ...«, flüstere ich verlegen. »Mir ist da was passiert neulich ... Also, mit meinem Freund, da war nie ... Ich meine, erst seit dieser Sache habe ich diese ... Früher war ich nicht so leicht ... also eigentlich gar nicht ...«

»Langsam, langsam«, unterbricht er mein Gestammel. »Was warst du nicht immer? Wie?«

»Ich ... ich hatte früher kein großes Interesse am Sex. Es war mir nicht unangenehm, das nicht, aber es hat mich ... nie richtig, nie genug ... wie soll ich sagen?«

»Meinst du, du kamst nicht zum Höhepunkt? Oder wurdest du erst gar nicht richtig erregt?«

»Nicht erregt. Vor meinem Freund hatte ich ein paar andere, aber da war auch nichts. Ich hab nicht mal selbst ... Ich meine, ich hab's probiert, aber da tat sich gar nichts, noch weniger als mit einem Mann, und da hab ich's aufgegeben.«

»Aha«, sagt er neutral, aber ich bilde mir ein, einen zweifelnden Unterton herauszuhören.

»Es stimmt wirklich, ich hab's früher nie gemacht«, bekräftige ich noch einmal.

»Früher. Und jetzt?«

»Andauernd!«, rutscht es mir spontan heraus. Ich spüre, wie mir die Röte ins Gesicht steigt, und bin froh, dass er mich nicht sehen kann.

»Soso«, macht er hörbar erheitert. »Und wie kommt's?«

»Tja, zuerst musste ich ständig an ein bestimmtes Erlebnis denken, an die Gefühle, die ich da gehabt habe ... Ich hätte nie gedacht, dass ich so was mal erleben würde. Und dann kamen noch diese Fantasien dazu ... Die Sache verfolgt mich seither, lässt mich einfach nicht mehr los.«

»Und was war das für ein Erlebnis? Erzähl doch mal«, fordert er mich auf. »Das muss ja sehr beeindruckend gewesen sein.«

»Okay ... ähm ... gut«, winde ich mich und gieße mir in Egberts Glas von gestern Abend, das noch zusammen mit der Whiskyflasche auf dem Couchtisch steht, einen ordentlichen Schluck ein. Vor Aufregung zittern meine Hände so, dass ein Schwall danebengeht. Jetzt steht eine Pfütze auf der Glasplatte, deren Ausläufer sich auf den Tischrand zubewegen. Schnell greife ich nach dem Nächstbesten, das sich eignet, die Flüssigkeit aufzusaugen: einem Teil der Zeitung. Von den durchtränkten Blättern steigt ein übler Fuselgestank auf, und meine Hände kleben, doch während ich mich mit zwischen Schulter und Wange eingeklemmtem Hörer aufmache, die Sauerei in der Küche zu entsorgen, sprudelt die ganze Geschichte schon wie von selbst aus mir heraus.

»Da hast du aber ganz schön die Kontrolle verloren«, sagt er, als ich geendet habe. »Und du weißt auch heute nicht, was da am Schluss passiert ist?«

»Keine Ahnung. Manchmal, wenn ich so durch die Straßen gehe und merke, dass mir irgendein Mann hinterherguckt – ich sehe ganz gut aus, blond, blauäugig, schlank, also schon dem Ideal entsprechend, und da gibt es sowieso immer viele Blicke, aber wenn mich jemand so ganz intensiv und lange anstarrt, frage ich mich immer, ob derjenige wohl dabei war, und dann möchte ich am liebsten im Boden versinken. Es haben ja einige Leute, die um uns herumstanden, die ganze Szene mitbekommen. Wahrscheinlich haben die gedacht, wir wären zusammen. Eingegriffen hat jedenfalls niemand. Na ja, ich hab das ja auch alles so mit mir machen lassen.«

»Wahrscheinlich war es auch für diese Leute offensichtlich, dass dir das gefiel.«

»Bestimmt. Aber dass dabei Leute zugesehen haben ... Ich hab mich da ja wohl ziemlich gehen lassen, einen Orgasmus gehabt, mir womöglich in die Hosen gepinkelt – ich darf gar nicht daran denken! Sonst bin ich nämlich total schamhaft. Ich meine, ich würde mich noch nicht mal an einen FKK-Strand trauen!«

Er lacht. »Und wie ging's dann weiter? Du hast vorhin von deinem Freund gesprochen ... Weiß er von der ganzen Sache?«

»Natürlich nicht! Ich meine, wie hätte ich ihm das sagen können? Vollkommen unmöglich! Meine Freundin setzt mir auch immer zu, dass ich mit ihm darüber reden müsste, aber das kommt nicht in Frage. Ausgeschlossen! Das kann doch keiner von mir verlangen, dass ich ...«

»Hehe, war doch nur eine Frage«, unterbricht er mich. »Ich hab nicht gesagt, dass du beichten sollst. Aber dass du da so heftig drauf reagierst ...«

»Weil ich mich mit meiner Freundin schon öfter darüber gestritten habe! Als würde Reden irgendwas bringen! Das nützt keinem was, weder ihm noch mir. Er käme damit nicht klar, und selbst wenn, wäre damit nichts gewonnen. Es funktioniert nicht mit jemandem, den ich kenne.«

»Ah-so«, sagt er gleichmütig. »Verstehe.«

»Ja, wirklich?«, frage ich überrascht.

»Denk' schon. Wahrscheinlich seid ihr schon eine ganze Weile zusammen, stimmt's?«

»Sieben Jahre.«

»Dann kennst du seine ganzen Schwächen, und er kann einfach nicht mehr dieser starke, dominierende Mann sein, den du für dieses Spiel brauchst.«

»Ganz genau!«, rufe ich staunend aus. »Woher weißt du das? So klar hätte ich das nicht mal selbst ausdrücken können.«

»Hab ich mir so zusammengereimt. War doch naheliegend.« Es tritt eine kurze Pause ein. Dann beginnt er wieder: »Und was ist noch wichtig für dich? Hast du Lust, mir ein bisschen was über deine Fantasien zu erzählen?«

»Meine Fantasien ... äh ... tja ...«, winde ich mich. »Da weiß ich gar nicht, wo ich anfangen soll ...«

»Zum Beispiel: Sind die alle ganz unterschiedlich, oder gibt es so was wie ein Thema, irgendwas, das immer wieder vorkommt?«

»Schon unterschiedlich ... viele auch total unrealistisch, während andere ... Aber es geht mehr oder weniger doch immer um das gleiche. Das wichtigste ist ...« Meine Stimme sinkt zu einem verschämten Flüstern herab. »Also, da ist immer ein Mann, der irgendwie überlegen auftritt. Ganz selbstverständlich verlangt er irgendwas von mir. Einfach so. Dass ich etwas tue oder aushalte ... erniedrigende Sachen meist, beschämende, manchmal schmerzhafte. Er drangsaliert mich so lange, bis ich tue, was er will, und wenn ich mich dann zu seiner Zufriedenheit verhalten habe, dann liebt er mich ... kümmert sich um mich ... wobei er dann auch sehr zärtlich ist ... oder leidenschaftlich ...«

Ich verstumme verlegen, aber Leon reagiert so locker, als hätte ich ihm bloß gerade die Zutaten für meinen Lieblingskuchen aufgezählt. Wie er mit mir spricht, so ruhig, so freundlich, als wäre das alles gar nichts Besonderes. Seine verständnisvolle Art lässt mich meine Scham beinahe vergessen, und plötzlich – aber vielleicht liegt das auch mit an dem ungewohnten Whiskygenuss – werde ich von einem ungeheuren Mitteilungsdrang überfallen: »Also, eine Fantasie hat sich aus einem Film entwickelt, in den ich mal zufällig reingeschaltet habe. Da gab es eine Szene, in der ein Mann einer bis auf den Slip nackten Frau befiehlt, sich auf eine breite Fensterbank zu stellen – das Ganze spielt in einem Hochhaus, ziemlich weit oben, und es ist eine riesige Fensterfront ohne Vorhänge – und sich dann ganz langsam das Höschen runterzuziehen. Dabei soll sie mit dem Hintern kreisen. Sie wackelt da ziemlich ungeschickt rum, und der Mann befiehlt ihr, es nochmal zu machen.

Er lässt es die Frau immer wieder machen, stundenlang – oder ziemlich lange jedenfalls. Am Ende ist sie schweißüberströmt, und man kann sehen, wie erregt sie ist. In dem Moment kam mein Freund, und er wollte das nicht gucken, hat sich einfach die Fernbedienung geschnappt und umgeschaltet. Ich saß da, irgendein anderes Programm lief, aber ich war immer noch in diesem Hochhaus, und jetzt stand ich selbst auf der Fensterbank, und der Mann hat weitergemacht ... hat mir noch mehr Befehle gegeben ... mich gedemütigt ... mir wehgetan ...«

Ich habe diese Fantasie so oft benutzt, bis sie schließlich abgegriffen war und mich nicht mehr erregte. Aber jetzt, wo ich darüber spreche, zum ersten Mal mit jemandem darüber spreche, höre ich wieder die Kommandos, spüre, wie Stricke in meine Haut einschneiden ...

»Was hat der Mann noch mit dir getan?«

Ich höre seine Stimme ganz leise und verschwommen, als wäre ich unter Wasser. Ich kann nicht antworten, meine Zunge ist so schwer vor Lust, dass ich kein Wort sagen kann.

»Sonia? ... He, bist du noch da?«

Nach einer langen Pause bringe ich nur einen undefinierbaren Laut heraus, irgendwas zwischen Seufzen und Stöhnen.

»Alles okay?«

»Ja, ich bin noch da. Ich hab mich nur ... erinnert. Die Bilder waren inzwischen schon etwas flach geworden, aber jetzt ...«

»Haben sie neuen Glanz bekommen, was?« Er lacht. »Wo hast du deine Hände?«

»Nicht da, wo du denkst!« Ich muss auch lachen.

»Aber du bist erregt?«

»Ja.«

»Sag mir wie sehr. Bist du feucht?«

»Glaub' schon.«

»Ich will es aber genau wissen«, sagt er mit fordernder, rauer Stimme. »Ich möchte, dass du nachsiehst.«

»Was, jetzt?«

»Ja, jetzt. Was hast du an?«

»Noch Bürosachen. Hose, Bluse, Jackett. Warum?«

»Sitzt du auf einem Stuhl?«

»Auf der Couch.«

»Gut. Mach deinen Reißverschluss auf und geh mit den Fingerspitzen unter den Höschenrand, schieb die Hand tiefer, spreiz die Beine und komm mit deinem Hügel hoch, aber mach nicht mit den Fingern deine Schamlippen auseinander. Geh nur von außen drüber. Ich will wissen, ob du so nass bist, dass es herausquillt, verstehst du?«

»Ja.«

»Tust du gerade, was ich dir gesagt habe?«

»Ja.«

»Und?«

»Es ist alles nass.«

»Tatsächlich?«

»Mein Slip ist ganz durchweicht.«

»Streichelst du dich jetzt?«

»Nein.«

»Warum nicht? Ich möchte, dass du dich streichelst, während wir uns weiter unterhalten, aber nur ganz leicht, nicht so, dass du kommst. Und jetzt sag mir, was der Mann noch mit dir gemacht hat.«

»Ach, nee! Reden und jetzt dabei auch noch ... mich selbst ... äh ...«

»Mich selbst – was?«, fragt er plötzlich so scharf, dass ich zusammenzucke. »Hast du kein Wort für das, was du da gerade tust? Sag mir drei andere Worte für ›masturbieren‹, schnell, ohne zu überlegen. Los!«

»Äh ... es sich selbst machen ... äh ... hm ... äh ...«, fange ich an zu stottern.

»Schneller, Sonia, geht das nicht etwas schneller?«, fragt er ungeduldig und mit dem gewissen Unterton von Verachtung, der mich wie ein Schlag in den Bauch trifft, das Gefäß zum Platzen bringt, mich auslaufen lässt, heiß, heiß, heiß ...

»Sich streicheln«, flüstere ich und bewege meine Finger prüfend in dem See zwischen meinen Beinen hin und her, zuerst erschrocken über die enorme Menge Flüssigkeit, aber dann mit einem albernen Gefühl von Stolz über meinen Körper, meine Erregung. »Sich reiben, es sich besorgen ...«

»Okay, okay, das genügt schon«, unterbricht er mich mit zärtlich-amüsierter Stimme. »Ich wollte ja nur mal sehen, ob du auf den Tonfall abfährst.«

»Wenn du mich sehen könntest!«

»Was würde ich dann sehen?«

»Eine Frau, die dringend ein Handtuch braucht.«

Sein warmes Lachen hallt in meinem ganzen Körper nach, und ich presse den Hörer unwillkürlich fester an mein Ohr, um seiner Stimme näher zu sein, ihm ...

»Erzähl jetzt mal die Fantasie weiter«, fordert er mich auf. »Also du warst da vor dem großen Fenster – und dann?«

»Ich kreiste mit den Hüften, wie er es befohlen hatte, und zog mir dabei den Slip runter. Aber er sagte nicht immer nur ›Nochmal, nochmal‹, sondern kritisierte mich immer weiter. ›Hampele nicht so rum! Mein Gott, bist du unbeholfen! Steif, als hättest du einen Stock verschluckt! Nun los, beweg deinen Arsch! Was für ein trauriger Anblick! Was habe ich gesagt? Langsam und geil sollst du es machen! Langsam, hörst du schwer? Deinen Arsch sollst du bewegen, nicht die Füße! Hör auf, so zu zappeln! Ich will kein kleines nervöses Hühnchen da sehen, sondern eine geile Hure, eine Nutte, die es immer braucht, verstehst du?‹ Und so ging das immer weiter. Was ich auch machte, er war nie zufrieden. Dann wollte er, dass ich auf allen vieren durchs Zimmer krieche – ›Vielleicht bist du ja auf dem Boden besser, obwohl ich das schon nicht mehr glaube, du ungeschicktes Ding‹ –, immer in großen Kreisen um den Sessel herum, in dem er saß, während er mich die ganze Zeit beobachtete und immer was anderes auszusetzen hatte. Dann fesselte er meine Knie an die Hände, um meine Haltung zu verbessern: rechte Hand an rechtes Knie, linke Hand an linkes Knie, und von da zog er einen dicken Strick quer über meinen Rücken, dass ich ein Hohlkreuz machen musste. Dann ging's weiter, immer im Kreis rum. Rücken und Knie taten mir weh, und ich war verzweifelt, weil es nie richtig war, was ich tat, weil er mich hässlich und unbeholfen fand, obwohl ich mir doch solche Mühe gab, es gut zu machen. Ich wollte ihm gefallen, wollte, dass er mich schön findet, dass mein Anblick ihn erregt, dass er mich zu sich ruft. Aber wie ich mich auch anstrengte, es genügte nie. Irgendwann konnte ich nicht mehr, ließ mich auf den Boden fallen und heulte, aber er war unerbittlich: ›Mach es nochmal, du machst es so lange, bis es richtig ist, verstehst du?‹ Ich machte weiter, und endlich, als ich schon nicht mehr daran glaubte, kam er zu mir, machte die Fesseln los, zog mich in seine Arme, küsste und streichelte mich, während er mich die ganze Zeit lobte und tröstete, und dann drang er in mich ein, nahm mich ganz langsam ... Darum geht es eigentlich meistens: Ich bin eben ein ziemlich gehemmter Typ, oft ungeschickt, richtig steif vor Scham, und der Mann zwingt mich dazu, eine geile, hemmungslose Frau zu sein, wie er sie gerne hätte, und wenn sie dann so geworden ist, liebt er sie. Ich bin immer irgendwie rein und sauber, aber er muss mich zuerst durch den Dreck ziehen, damit er mich lieben kann. Das kommt auch in vielen Fantasien vor, der Schmutz, oft auch was Tierhaftes. Eine zum Beispiel ...«

»Hast du die Hand noch zwischen deinen Beinen?«, unterbricht er mich.

»Ja.«

»Streichelst du dich, während du mit mir sprichst, so, wie ich es dir gesagt habe?«

»Ja, immer nur ein bisschen.«

»Mach weiter.«

»Also da ist wieder ein Mann, und der bringt mich auf einen Bauernhof. Er zwingt mich, mich ganz nackt auszuziehen und steckt mich zu den Schweinen. ›Du bist zu überkandidelt, nimm dir mal an den Schweinen ein Beispiel; ich lass dich erst wieder raus, wenn du eine richtige Sau geworden bist‹, und so weiter. Ich muss mich im Lehm wälzen und solche Sachen. Er sieht mir immer dabei zu, und da ich seiner Meinung nach keine Fortschritte mache, muss ich auch über Nacht dableiben. Es ist so demütigend, und ich fühle mich ganz hässlich und schmutzig und verlassen; ich bin wirklich verzweifelt und bettle ihn an, dass ich mit ins Haus kommen darf, aber er lässt sich nicht umstimmen. Am Morgen kommt er dann wieder, und ich muss aus einem Trog Wasser trinken, und er hat Apfelstücke, die ich mit dem Mund von seiner flachen Hand nehmen muss. Er verlangt von mir, dass ich vor Freude über den leckeren Apfel grunze und mich lustvoll im Schlamm wälze, dann tätschelt er mich, lobt mich, dass ich so eine prächtige Sau geworden bin, und dann darf ich endlich rauskommen. Ich bin total verdreckt, von oben bis unten mit Schlamm bedeckt. Als wir dann drinnen sind, wäscht er mich mit Seife und warmem Wasser von Kopf bis Fuß ab, sehr gründlich, sehr sanft. Er küsst meine Schenkel, meinen Bauch, meine Brüste, meinen Mund, und er sagt mir, wie sehr er mich jetzt begehrt, dann trägt er mich zum Bett, legt mich darauf und liebt mich endlos lange, und die Art, wie er mich küsst ... wie er meinen Hals leckt, meine Brüste ... während er in mir ist und mich ... oh ... nhhh ...«

»Du wirst doch nicht etwa kommen?«, platzt Leons Stimme in mein erregtes Seufzen. »Ich hab doch gesagt, du sollst dich nur ganz leicht streicheln!«

»O Gott! Ich ... ich bin fast so weit ... ich ...«

»Nein, komm noch nicht!«, herrscht er mich an. »Halt dich zurück! Nimm die Hände da weg, sofort!«

Ich reagiere prompt auf den Befehl. Erst als ich so dasitze mit meiner klebrigen Rechten, die ich nirgendwo abzulegen weiß, kommt mir zu Bewusstsein, dass ich diesem Mann, obwohl er doch für mich nicht mehr ist, als eine Stimme am Telefon, schon aufs Wort gehorche! Ich weiß nicht das geringste über ihn, aber er hat mir bereits meine geheimsten Fantasien entlockt, mich dazu gebracht, die Hand in mein Höschen zu stecken, während unserer Unterhaltung zu masturbieren und jetzt einen Orgasmus zurückzuhalten. Gleich von Anfang an hat er die Situation bestimmt, alles aus mir herausgefragt, ohne etwas von sich selbst preiszugeben.

Eine innere Stimme erhebt sich warnend, mahnt zur Vorsicht, aber dann spüre ich wieder meinen Körper, das intensive Pulsieren zwischen meinen Schenkeln, und denke: Egal, was muss ich schon wissen, wo das Gefühl doch so gut ist ... Wie es wohl erst wäre, richtig ... mit ihm ... das alles ...

»Was fühlst du jetzt?«, fragt er mit erotisch-rauer Stimme. »Was wünschst du dir jetzt am meisten?«

»Weiß nicht«, flüstere ich, hin- und hergerissen zwischen Vernunft und Erregung.

»Stellst du dir vor, wie es sein könnte, wenn ich jetzt bei dir wäre?«

»Ja.«

»Möchtest du, dass wir uns sehen?«

»Ja, schon ...«

»Aber?«

»Na ja, es ist ... Ich weiß überhaupt nichts über dich.«

»Hast du nicht gesagt, es funktioniert nicht mit jemandem, den du kennst?«, neckt er mich.

»Haha«, mache ich.

»Und was möchtest du über mich wissen?«, amüsiert er sich. »Frag ruhig – solange es dir nicht den Spaß verdirbt ...«

»Haha«, wiederhole ich beschränkt. Dass mir keine passende Antwort einfällt, obwohl ich sonst nicht gerade auf den Mund gefallen bin, löst in mir ein Gefühl völliger Unterlegenheit aus.

Er provoziert mich aber nicht weiter, sondern fragt völlig neutral: »Interessiert's dich vielleicht, wie ich aussehe?«

Schreck! Wer wüsste besser als ich, wie sehr Telefonstimmen täuschen können? Irgendwie habe ich ihn mir auf Anhieb groß, dunkel und gut aussehend vorgestellt, aber was, wenn sich jetzt rausstellt, dass er fett und schwabbelig ist? Oder dürr und ausgemergelt mit bleicher Haut, einer Halbglatze und Brille? Oder ein Zwerg? Ein kleiner, fetter Zwerg mit Bart? Aber da bestätigt er schon unaufgefordert das Bild, das ich mir intuitiv von ihm gemacht habe.

»Also ich bin knapp einsneunzig groß und schlank, habe dunkle Haare, gerade ziemlich kurz, und blaugraue Augen.«

Ich gebe bloß irgendeinen Laut von mir, der aber offenbar meine große Erleichterung verrät.

»Das gefällt dir anscheinend schon mal«, sagt er hörbar belustigt und fährt fort: »Ich bin am ganzen Körper rasiert, und ich trage Körperschmuck.«

»Körperschmuck? Du meinst, du bist gepierct?«

»Ah, darauf stehst du wohl nicht.«

»Na ja, ich hab nichts gegen Ohrringe, aber einen ganzen Werkzeugkasten im Gesicht, das finde ich schon abstoßend.«

»Nein, so extrem bin ich nicht drauf, und das lässt sich ja auch alles rausnehmen, wenn's dich stört. Allerdings trage ich auch einen Knopf in der Zunge, und wenn du im zärtlichen Teil vielleicht auch gerne ein bisschen Französisch hättest, lohnt es sich schon, das mal auszuprobieren. Weißt du, Lecken ist nur drin mit dental dam, und da mache ich auch keine Ausnahme ...«

»Denter — was?«, frage ich dazwischen. Auch wenn Anke mich immer großzügig über die neusten Sextrends informiert hat, davon hatte wohl selbst sie noch nichts gehört.

»Dental dam. Das ist ein dünnes Latexläppchen, das man bei der Frau über den Schoß legt, zum Schutz«, erklärt er. »Es ist wirklich ganz dünn, aber genau wie beim Kondom ist das Gefühl eben doch anders, und der Knopf in der Zunge erhöht den Reiz wieder. Ist schon blöd das ganze Gummizeug, aber ohne geht's leider nicht. Das siehst du doch auch so, oder?«

»Sicher, Kondom ist klar. Aber diese anderen Dinger, die werden wohl nicht ... Also, mit dem Mund, das muss nicht sein. Und Zungenpiercing, das finde ich ja ehrlich gesagt ziemlich ... uhh! Also, wenn du das rausnehmen kannst ...«

»Kein Problem. Für Oralsex hast du also nichts übrig. Verstehe.«

»Du verstehst überhaupt 'ne Menge, wie?«

»Wie meinst du das jetzt?«

»Weiß auch nicht, aber irgendwie ist das schon merkwürdig, dieses ganze Gespräch. Es läuft immer wieder darauf hinaus, dass du mich ausfragst, aber nichts von dir erzählst. Ich komm' mir bald vor wie beim Psychologen.«

»Na ja, je mehr ich von dir weiß, desto besser kann ich dich zufriedenstellen. Sogar die Mädchen sagen, dass der Job zu mindestens fünfzig Prozent aus Psychologie besteht. Für Callboys gilt das sicher doppelt.«

Alles in mir erstarrt plötzlich zu Eis. Ich kann bloß noch ein entsetztes »Was?« herauspressen.

»Was: was?«, fragt er unbekümmert, während ich völlig schockiert auf dem Sofa liege, unfähig, mich zu bewegen oder irgendwas zu sagen.

»Sonia?«

...

»He, bist du noch dran?«

...

»Ich weiß, dass du noch dran bist. Ich hör dich atmen. Was ist los?«

...

»Komm schon, rede mit mir! Hab ich irgendwas gesagt? Oder nicht gesagt?«

»Du ... du bist ein ... *Callboy*?«, bringe ich nach Minuten des Schweigens stammelnd heraus.

»Na, das weißt du doch«, antwortet er irritiert.

»Woher hätte ich das denn wohl wissen sollen?«, frage ich tonlos. Ich fühle mich leer, wie ausgeblutet, so, als hätte mir jemand eine tiefe Wunde beigebracht, aus der alles Leben herausgeflossen ist.

»Aber du hast mich doch angerufen«, sagt er nach einigem Zögern. »Auf die Anzeige hin.«

Wieder vergeht eine ganze Weile in tiefem Schweigen, bis ich mich zu einem schwachen »Ja, und?« aufraffen kann.

»Na, dann musst du's doch wissen!«

»Woher denn? Da stand nichts von Geld ...«

»Aber die Gestaltung«, sagt er leise. »Die privaten Anzeigen haben nur normalen Text, und bei den Profis ist immer ein Rahmen drum herum, damit man das unterscheiden kann, falls es sich aus dem Text selbst nicht ergibt. Ist dir das denn nicht aufgefallen?« Und nachdem wieder ein, zwei Minuten ohne eine Antwort vergangen sind, murmelt er: »Nein, wohl nicht. Was frag ich so dämlich?«

Reglos liege ich da und starre an die Decke, während in meinem Kopf immer nur dieselben zwei Worte kreisen: ein Callboy, ein Callboy, ein Callboy ...

»Sonia?«, fragt er nach einer Weile. »Redest du jetzt nicht mehr mit mir?«

Es kommt bloß ein eigenartiges Krächzen aus meinem Mund, und in meiner Kehle steigt der salzige Geschmack von Tränen auf. Ich will nicht weinen, schlucke und schlucke, aber es ist schon zu spät, meine Augen laufen über. Anstatt einfach aufzulegen, rolle ich mich zusammen, die Hand auf die Sprechmuschel gepresst, und flenne wie ein Baby. Und die Hand dämpft nicht genug; er hört es.

»Hehe«, sagt er sanft. »Ist das denn wirklich so schlimm?«

»Es war so ... Ich hatte so ein gutes Gefühl ...«, schluchze ich. »Und wo ich dir so viel erzählt hab ... Es war so schwierig, überhaupt ... Und jetzt steh' ich wieder da ...«

»Ist ja schon gut«, murmelt er beruhigend. »Ist ja schon gut, hör auf zu weinen, ja?«

»Ich ... k-k-kann ... nicht.«

»He, komm schon, davon geht doch die Welt nicht unter. Überleg mal, du wolltest doch bloß einen One-Night-Stand, nichts Ernstes, keine Liebesbeziehung oder so. Du wolltest einfach mal ausprobieren, wie das so ist mit SM. Na ja, das kannst du immer noch. Mit mir, meine ich.«

»Und dafür *bezahlen*?!« Die Dreistigkeit dieses Vorschlags lässt meinen Tränenfluss abrupt versiegen.

»Warum nicht? Okay, vielleicht kannst du's dir nicht leisten, aber wenn doch, hätte das für dich nur Vorteile. Erst mal gehst du nicht das Risiko ein, an irgendeinen Spinner zu geraten. Dann richte ich mich ganz nach deinen Vorstellungen und verlange nicht irgendwelche Sachen von dir, die du gar nicht machen willst. Von einem Freizeit-Dominus kannst du das nicht unbedingt erwarten, denn der will vor allem sein eigenes Ding durchziehen. Und selbst wenn er bereit ist, auf deine Wünsche einzugehen, ist es immer noch die Frage, ob er's kann. Ich hab immerhin achtzehn Jahre SM-Erfahrung vorzuweisen, also kann ich dir sicher ein Erlebnis bieten, das deiner Fantasie ziemlich nahekommt, sie vielleicht sogar übertrifft.«

»Achtzehn Jahre? Wie alt bist du, um Himmels willen?«

»Neununddreißig.«

»Oh.«

»Oh!«, macht er mich halb gekränkt, halb amüsiert nach. »Hat sich die Sache damit vielleicht von selbst erledigt?«

»Ich weiß nicht ... Ich meine, nein! Ums Alter geht's nicht, aber ... Ich weiß nicht.«

»Dann frag ich mal andersrum: Könntest du's dir grundsätzlich leisten, für so was Geld auszugeben, oder bist du so knapp bei Kasse, dass es von vornherein nicht in Frage kommt?«

»Nein, ich verdiene sehr gut«, sage ich mechanisch, während ich immer noch versuche, über dieses sicherlich übertriebene Gefühl der Enttäuschung hinwegzukommen und mein inneres Gleichgewicht wiederzufinden.

»Was dann? Hast du moralische Bedenken?«

»Was weiß ich? ... Ja, vielleicht. Keine Ahnung.«

»Ich will ja nicht gemein sein, versteh das nicht falsch«, sagt er behutsam. »Aber wenn du ehrlich zu dir selbst bist, musst du zugeben, dass moralische Entrüstung in deinem Fall doch ziemlich unangebracht wäre.«

»In meinem Fall?«, wiederhole ich pikiert. »Was soll das denn heißen?«

»Du weißt genau, was ich meine.«

»Wenn man's so sieht ...«, gestehe ich widerwillig zu. »Ich lüge meinen Freund seit Monaten an, und heute wollte ich ihn betrügen, jaja ...«

»Auch unter dem Aspekt wärst du mit einem Profi sicher besser bedient. Weniger Schuldgefühle.«

»Das ist ja wieder typisch Mann! Als wenn das weniger schlimm wäre, mit jemand Professionellem fremdzugehen!«

»Aber auch nicht schlimmer«, sagt er sanft. »Oder?«

»Nein«, erwidere ich hilflos. »Wohl nicht.«

»Na ja, du bist von anderen Voraussetzungen ausgegangen und jetzt erst mal überrascht«, sagt er verständnisvoll. »Für Frauen ist das ja auch noch nicht so eine ganz übliche Sache, sich jemanden fürs Vergnügen zu mieten. Aber die meisten, die es mal mit einem Profi probiert haben, sind hinterher begeistert. Jedenfalls ist es um Klassen besser, als ein normaler One-Night-Stand mit jemandem, den man in irgendeiner Bar oder sonst wo aufgelesen hat, das sagen alle. Und ganz besonders, wenn es um spezielle Wünsche geht. Dir würde die Ausgabe hinterher auch nicht leidtun, bestimmt nicht.«

»Bist ja ganz schön von dir überzeugt, was?«

»Ja-a«, sagt er sinnlich. »Und ich wette, ich könnte dich auch überzeugen.«

»Hm«, zweifele ich, »das seh' ich noch nicht. Aber nur mal so, rein interessehalber – was muss man denn da anlegen?«

»Ich koste fünfhundert die Stunde«, erklärt er bereitwillig. »Meine Wohnung und alles, was drin ist, steht zur Verfügung, wenn gewünscht. Ausgefallenes Spielzeug, das ich nicht habe und nur für dich anschaffen müsste, Mieten für spezielle Räumlichkeiten und solche Sachen gehen extra.«

»Na, das ist aber wirklich saftig!«

»Ja«, gibt er selbstbewusst zu. »Aber ich denke, dass ich das wert bin.«

»Soso. Und was in dieser Stunde passiert, spielt überhaupt keine Rolle?«

»Nein. Meine Leistung besteht darin, dass ich mich voll und ganz auf dich einstelle, dass ich alles gebe, um deine Fantasien Wirklichkeit werden zu lassen. Es gibt nur zwei Dinge, die ich nicht tue: Ich übernehme keine passive Rolle, oder jedenfalls nur in ganz engen Grenzen, und ich arbeite nie ohne Schutz. Auch nicht für mehr Geld. Ansonsten kannst du alles von mir haben.«

»Ach, wirklich alles?«

»Soweit es mir irgendwie möglich ist. Ich bin natürlich nicht Superman. Wenn du ... was weiß ich? ... bei einem Fallschirmabsprung gevögelt werden willst, das könnte schwierig werden. Und es darf nicht gegen das Gesetz verstoßen, jedenfalls nicht so, dass ich da ernsthafte Konsequenzen zu fürchten hätte. Erregung öffentlichen Ärgernisses – so was riskiere ich, aber mehr auch nicht.«

»Und was ist zum Beispiel mit Küssen? Ich dachte, in dem Gewerbe ist das tabu.«

»Ach was! Bei Callgirls vielleicht, aber ein Callboy würde nirgendwo landen können, wenn er nicht küsst, und zwar ganz ausgezeichnet.« Und dann leiser, ein wenig schleppend und sehr, sehr verführerisch: »Ich küsse dich zärtlich, ganz langsam und sanft, oder leidenschaftlich wild und hart – solange und soviel und genauso, wie du es willst. Ich bin sehr gut mit dem Mund, in jeder Hinsicht und überall.«

»Eingebildet bist du wohl gar nicht, was?«, muss ich wider Willen lachen.

»Doch«, lacht auch er. »Aber zu Recht. Ich kann dir Zeugnisse zeigen.«

»Dankschreiben aus aller Welt!«

»Das wär' jetzt übertrieben.«

»Na ja, wo du dir schon Hilfsmittel auf die Zunge hast montieren lassen ...«

»O ja, den Frauen, die ich mal damit erfreut habe, brauche ich nur tief in die Augen zu sehen, meine Zunge ein bisschen spielen zu lassen, und schon laufen sie aus, weil sie dann automatisch daran denken müssen, was sie beim letzten Mal gespürt haben und was sie gleich wieder spüren werden – es ist absolut fantastisch!«

»Pawlow lässt grüßen«, werfe ich belustigt ein. »Interessante Art der Kundenbindung.«

Er lacht. »Tja, ich werde nicht jünger, und die Konkurrenz wächst.«

»Na, dann solltest du dich vielleicht lieber auf die Socken machen und ein Geschäft aufreißen, anstatt hier deine Zeit mit mir zu vertrödeln.«

»Oh, das muss ich nicht. Erstens kommen die *Geschäfte*, wie du das so unfein nennst, zu mir. Zweitens hatte ich sowieso vor, mir den Rest des Tages freizunehmen.«

Ich höre, wie er sich etwas zu trinken eingießt. Das Zischen lässt auf etwas mit Kohlensäure schließen, Mineralwasser oder Cola, vielleicht aber auch ein Bier.

»Und drittens sehe ich dieses Gespräch nicht als Zeitverschwendung«, fügt er mit herausfordernder Gewissheit hinzu.

»Als was dann? Akquise?«

Er lacht schallend. »Sag mal, was ist denn dein Job? Was verkaufst du?«

»Merkt man das so deutlich?« Ich falle in sein Lachen ein. »Versicherungen. Sag jetzt bloß nichts! Ich weiß, welchen Ruf die Branche hat.«

»Ich sag ja gar nichts. Wo sonst kann man heutzutage solche Provisionen kassieren?«

»An deinen Stundensatz komme ich trotzdem nicht ran.«

»Ha! Das kannst du jemand anderem erzählen! Wenn du bloß durchschnittlich gut bist, zahlst du mein Honorar aus der Kaffeekasse.«

»Okay, die Ausgabe würde mir nicht wehtun, stimmt schon. Es ist bloß ... ach, ich weiß auch nicht.«

»Tja, es ist deine Entscheidung, ich will dich wirklich zu nichts überreden.« Er zögert, will offenbar etwas zu bedenken geben, aber lässt es dann doch. »Nein, ich hab jetzt genug Werbung für mich gemacht.«

»Was wolltest du sagen?«, hake ich nach.

»Na ja, mit den Anzeigenkontakten ist das so eine Sache. Du kannst Glück haben, aber du kannst auch an ziemlich üble Typen geraten, und so eine naive Anfängerin wie du ... Wenn es dir um Liebe ginge, wenn du auf eine Beziehung aus wärst, dann wär's was anderes, da hättest du ja gar keine Wahl, aber da du das nicht willst – warum ein Risiko eingehen? Nochmal: Bei mir bist du sicher, du bestimmst, was läuft und was nicht, und was deine speziellen Wünsche angeht, glaube ich schon, dass ich dich da voll und ganz zufriedenstellen kann.«

»Naiv?«, maule ich. »Ich hab vielleicht keine Erfahrung, aber ich bin nicht naiv. Das Risiko ist mir durchaus bewusst.«

»Ach ja? Weißt du, dass es Typen gibt, die davon leben, dass sie Frauen, die sie über Anzeigen kennenlernen, ausspionieren, erpressen, ausrauben und so weiter? So ein Typ schläft ein paarmal mit dir, checkt ab, was bei dir zu holen ist, und ein paar Tage später ist dein Haus ausgeräumt. Oder du kriegst plötzlich anonyme Briefe, dass dein Mann oder Freund von der Affäre erfahren wird, wenn du nicht soundso viel in kleinen, gebrauchten Scheinen ... Alles schon dagewesen.«

»Das würde bei mir nie funktionieren! Dann erfährt er es eben. Ehe ich mich erpressen lasse ...«

»Aber dein Freund würde Schluss machen, wenn das rauskäme, und das willst du vielleicht dann doch verhindern.«

»Ach ja? Woher willst du denn wissen, dass er Schluss machen würde? Du weißt nichts über unserer Beziehung.«

»Ich weiß *alles* über euch«, widerspricht er energisch. »Ich kann mir genau vorstellen, was das für ein Typ ist. Er würde dich verlassen, garantiert. Was für dich kein großer Verlust wäre, meine ich, aber darum geht's ja jetzt gar nicht. Ich wollte damit nur sagen, dass du vorsichtig sein solltest, so oder so.«

»Quatsch! Du willst mir nur Angst machen, damit ich mich für das Sicherheits-Paket entscheide«, lache ich. »Ich kenn' die Tricks.«

»Aber gnädige Frau!«, geht er mit gespielter Entrüstung darauf ein, »das Paket enthält doch viel mehr, als nur Sicherheit! Und das alles zu einem wirklich fairen Preis! Sie werden begeistert sein!« Dann senkt er die Stimme und sagt samtweich: »Ich hab mir deine Fantasien gut gemerkt, Sonia, und wenn wir uns sehen, dann werde ich dir ein Erlebnis verschaffen, dass du so schnell nicht vergisst. Ich tue all die Dinge mit dir, von denen du immer geträumt hast. Du weißt, dass ich das kann, nicht wahr? Willst du? Keine Fantasiegestalten mehr, sondern ein Mann, der wirklich vor dir steht, wirkliche Augen, die auf dich herabsehen, eine wirkliche Stimme, die dir befiehlt, die dich erniedrigt und verletzt und dann wieder lobt und tröstet, wirkliche Hände, die dir wehtun und guttun, ein lebendiger, warmer Körper, der dich liebt, nachdem du gelitten hast? Meine Augen, meine Stimme, meine Hände, mein Mund, mein ganzer Körper, alles wird wirklich da sein für dich. Ich werde dich so erregen, dass du vor Lust den Verstand verlierst! Willst du das, Sonia? Willst du mich?«

Seine Stimme ist wie ein heißer, dunkler Abgrund, in den ich mich hineinstürzen will, und er redet immer weiter, spricht von meinen Sehnsüchten, die er beinahe schon besser als ich selbst zu kennen scheint, davon, wie er mit mir spielen, mich beherrschen, mich quälen wird, beschreibt mir die Lust, die er mir bereiten wird, auf so anschauliche Weise, dass mein ganzer Körper vor Verlangen zittert. Und als er mich wieder fragt, ob ich ihn will, sage ich einfach ja.

Darauf tritt eine kurze Pause ein.

»Möchtest du zu mir kommen?«, beginnt er als erster, mit immer noch rauer Stimme. Dann aber räuspert er sich und klingt wieder normal. »Oder treffen wir uns anderswo?«

»Bei dir ist gut«, murmele ich, ganz benommen vor Lust.

»Okay. Bist du in der Innenstadt?«

»Am Volksgarten.«

»Dann brauchen wir ein Taxi. Sprichst du übers Handy?«

»Nein.«

»Aber du hast sicher eins.«

»Ja, wieso?«

»Hol es.«

»Liegt hier auf dem Tisch.« Ich setze mich mit Mühe auf und angle es mir.

»Schalt ein. Wähl den Taxiruf. Vorwahl, und dann: zwei-acht-acht-zwei. Frag, wie lange du warten musst.«

»Hallo?«, nuschle ich wie betrunken, als auf der anderen Seite abgenommen wird. »Einen Wagen zur Volksgartenstraße. Wie lange?«

»Länger«, sagt die gestresste Telefonistin kurz angebunden. »Zwanzig Minuten.«

»Zwanzig Minuten«, wiederhole ich für Leon.

»Das ist gut«, sagt er, und ich nenne der Angestellten die Adresse – nicht ohne geistesgegenwärtig die Sprechmuschel des anderen Telefons zuzuhalten, damit ich mir nicht wieder nachsagen lassen muss, dass ich naiv bin ...

»Und jetzt programmiere meine Nummer ein«, sagt er, nachdem ich das Gespräch beendet habe, und diktiert mir die Ziffern, damit ich nicht nachschauen muss.

»Fertig?«

»Ja.«

»Hast du einen Mantel?«

»Sicher.«

»Gut. Zieh dich aus.«

»Was?«

»Zieh dich aus.« Seine Stimme ist so scharf, dass sie Glas schneiden könnte, und der Klang jagt lustvolle Schauer über meine Haut.

»Ganz nackt«, befiehlt er. »Stell das Telefon auf Lautsprecher und sag mir, was du gerade ausziehst.«

Ich fange an. »Das Jackett.«

»Weiter.«

»Jetzt die Bluse ... den BH ... Schuhe ... Hose ... Strumpfhose ... Slip. Das war's.«

»Gut. Jetzt zieh Schuhe an und einen Mantel. Nichts sonst, hörst du?«

»Ja.« Mir ist kalt vor Aufregung, und als ich die Knöpfe des Mantels schließe, spüre ich, wie stark meine Hände zittern. »Ich bin fertig. Was soll ich jetzt tun?«

»Steck deine Schlüssel ein. Und was du sonst so brauchst.«

Schlüssel, Ausweis, Geld ... Geld! Ich habe nicht mal annähernd genug Bares im Haus.

»Leon? Ich habe nicht genug Geld hier. Ich muss noch beim Automaten vorbeifahren. Nur ist das ...«

»Ach, Sonia«, unterbricht er mich mit nachsichtiger Stimme. »Das hier ist doch nicht der Straßenstrich. Ich nehme alle gängigen Kreditkarten.«

»Ach so ... gut ... na dann ...«

Ich komme mir schrecklich dumm vor, und als wäre das noch nicht genug, kann ich auf einmal meine Schlüssel, die ich gerade eben noch in der Hand hatte, nicht mehr finden. Hektisch schütte ich meine Tasche auf dem Tisch wieder aus. Nichts. Die Manteltaschen. Nichts. Verdammt!

Leon hört mich herumkramen. »Suchst du was?«

»Die Schlüssel sind weg. Gerade hatte ich sie doch noch«, jammere ich, schon völlig verzweifelt.

»Zeit genug«, beruhigt er mich. »Wo hast sie zuletzt gehabt?«

Wie kann er nur so ruhig sein! Ich bin ein Wrack, völlig aufgelöst, und er benimmt sich, als hätten wir uns nur gerade auf einen Kaffee verabredet!

»Leon?«

»Ja?«

»Bist du immer so ... so gelassen?«

»Gefällt dir das nicht? Möchtest du mich lieber aufgeregt?«, fragt er so sachlich wie ein Autoverkäufer, der dasselbe Modell in einer anderen Farbe zur Wahl stellt.

»Um Gottes willen! Ich bin nervös für zwei.«

»Ich weiß«, sagt er amüsiert.

»Ich kann überhaupt nicht mehr klar denken vor Panik.«

»Du brauchst keine Angst zu haben. Es wird nichts passieren, was du nicht willst«, sagt er beschwichtigend. »Wir spielen nur ein Spiel, und wenn es dir nicht mehr gefällt, kannst du jederzeit aussteigen. Wir werden ein Zeichen ausmachen, mit dem du mir signalisieren kannst, wenn es dir zuviel wird.«

»Ein Zeichen?«, frage ich irritiert. »Was für ein Zeichen?«

»Ein Wort, das du sagen kannst, um das Spiel sofort zu unterbrechen.«

Nein, das will ich nicht! Er hat nichts verstanden, gar nichts! »Aber damit ist die ganze Sache ja witzlos. Ich will es nicht in der Hand haben. Du sollst bestimmen, und du darfst nicht nachlassen, auch dann nicht, wenn ich jammere oder heule. Du hast die Kontrolle. Wenn ich bestimmen kann, wann es aufhört, ist es doch sinnlos.«

»Hör zu, Sonia, ich glaube schon, dass ich ziemlich genau weiß, worauf es bei dir ankommt, und dass es nicht nötig sein wird zu unterbrechen, aber ich kann mich auch irren. Ich kenne dich ja noch nicht richtig, und für dich ist es das erste Mal, da ist es nicht gut, das ...«

»Aber ich habe dir doch alles erzählt!«, unterbreche ich ihn. »Und wie du vorhin mit mir geredet hast ... Wie kannst du jetzt sagen, du kennst mich nicht?«

»Ich meine, ich kenne dich nicht in der realen Situation. Und du dich selbst auch nicht. Was du dir jetzt so schön vorstellst, ist es in Wirklichkeit vielleicht gar nicht.«

»Das ist vollkommen unmöglich!«

»Nein, ist es nicht. Das kommt sogar ziemlich oft vor, dass man sich da falsch einschätzt. Du willst, dass ich mich über deine Neins und Tränen hinwegsetze, aber was ist, wenn du tatsächlich nicht mehr kannst und ich es nicht merke?«

»Ach!«, murre ich. »Erst gibst du damit an, wie viel Erfahrung du hast und jetzt ... Ich will keine Kontrolle. Wenn ich jederzeit aussteigen kann, ist es zwecklos.«

»Ich weiß, was du meinst. Trotzdem, Sonia, du musst ein unbedingt Wort für den Notfall haben. Ich bestehe darauf. Das Wort heißt *Mayday*, und es bricht die Aktion sofort ab.«

»Das habe ich nicht gehört! Ich will das nicht hören!«

»Du hast es gehört, und du wirst es wiederholen: *Mayday* bricht die Aktion ab. Sag es! Los!«, fordert er kalt und streng.

Automatisch reagiere ich auf den Kommandoton und spreche die Worte nach, doch in mir ist alles leer. Das schöne Gefühl, die Lust und die Vorfreude sind auf einen Schlag ausgelöscht.

»So ist es gut«, lobt er, aber das freut mich kein bisschen.

»Ist es nicht! Du hast alles kaputtgemacht«, widerspreche ich anklagend und werfe mich halb traurig, halb wütend aufs Sofa. Schmerzhaft landet meine rechte Hüfte auf etwas Hartem: dem dicken Schlüsselbund, das sich wie durch ein Wunder plötzlich wieder in meiner Manteltasche befindet.

»Sonia, es ist zu deiner Sicherheit – und auch zu meiner. Bei mir ist noch niemandem was passiert, es hat nie einen Zwischenfall gegeben, und das soll auch so bleiben. Ich gehe keine unnötigen Risiken ein.«

»Aber du hast gesagt, dass ich nichts tun muss, was ich nicht will, und dieses Wort will ich nicht!«

»Ach, Sonia«, seufzt er. »Jetzt sei doch nicht so unvernünftig. Es ist zu deinem eigenen Besten.«

»Ewig reitest du auf der Sicherheit rum!«, maule ich. »Es gibt wichtigeres.«

»Worauf willst du hinaus?«

...

»Sonia?«

...

»Sonia, was hast du denn jetzt?«

»Ach, ein normaler Mann würde bestimmt nicht immer bloß an Sicherheit denken!«, schmolle ich. »Er würde sich wünschen, dass ich mich richtig auf die Sache einlasse. So wie ich das auch will. Das gehört doch dazu, dass man ausgeliefert ist. Dass es echt ist. Wie soll man sich abhängig und ausgeliefert fühlen, wenn man jederzeit abbrechen kann? Und überhaupt ... das Gefühl und alles ...«

»Was ist damit?«

»Na, nichts eben! Du ziehst doch bloß eine Show ab, und das tust du für jede, die deinen Preis zahlen kann. Okay, das hast du auch wirklich gut drauf. Du hast mich richtig schwachgeredet! Deine ganze Art, wie du auf mich eingehst, das ist schon schön, ja. Aber du bist nicht nett zu mir, weil du mich magst. Es spielt doch überhaupt keine Rolle, ob ich gut aussehe oder zwei Tonnen wiege, ob ich eine tolle Persönlichkeit habe oder total gestört bin und so weiter. Du tust es für das Geld, nicht weil du mich reizvoll findest.«

»Okay, Sonia«, sagt er langsam und beruhigend, »jetzt lass uns das mal klarkriegen. Erstens: Dass ich dir das Sicherheitswort aufgedrängt habe, hat nichts damit zu tun, dass du ein Gast bist. Ich hätte mich nicht anders verhalten, wenn du eine Frau wärst, in die ich mich gerade verliebt habe. Der einzige Grund dafür ist, dass ich dich nicht gut genug kenne und nicht will, dass dir was passiert. Zweitens: Wer sagt, dass ich dich nicht reizvoll finde? Ich hätte dich ablehnen können.«

»Das konntest du dir aber vielleicht nicht leisten. Du hast ja selbst gesagt, dass du nicht jünger wirst und dass die Konkurrenz nicht schläft.«

Er lacht schallend. »Ach, das war doch nur ein Witz! Dir fehlen die Vergleichsmöglichkeiten, aber glaub' mir, mich kann so schnell keiner ausstechen. Ich bin sehr gefragt. Ich könnte zehn Dates am Tag haben. Aber das brauche ich nicht. Ich habe nie viel ausgegeben und vernünftig investiert. Ich muss das schon lange nicht mehr machen.«

»Und warum tust du's dann?«

»Na ja«, sagt er zögernd. »Ehrlich gesagt, halte ich's ohne nicht aus. Wenn man lange Zeit so gelebt hat, ist es schwierig, was anderes zu machen. Und warum sollte ich auch? Es war für mich immer ein Traumjob. Ich hab mal versucht aufzuhören, um zu sehen, ob ich es kann. Aber dann habe ich es schrecklich vermisst, den Anblick der Frauen, wenn sie weit offen sind, die erotische Macht, die ich in diesen Momenten spüre, und die Zärtlichkeit, wenn ich in ihre Gesichter sehe, diese ganzen Gefühle, ihre Verletzlichkeit, ihr Erstaunen, ihre Selbstvergessenheit, ihre Freude – das ist einfach unvergleichlich!«

Und eins von diesen Gesichtern werde ich auch bald sein, er wird mich einreihen in das Fotoalbum seiner Triumphe, die Galerie all dieser Frauen, die er dazu gebracht hat, sich preiszugeben ... Wie kann ich eifersüchtig sein? Was geht es mich an, wie glücklich sie waren, wie sie in seinen Armen gestöhnt, geweint und gelacht haben? Auch wenn er genug zusammengescharrt hat, um es nicht mehr mit jeder machen zu müssen, er ist immer noch eine Hure, ein Nichts, ein Niemand! Ich hasse ihn! Verdammt, was ist bloß los mit mir? Wie kann ich mich da so hineinsteigern? Das alles wollte ich doch gerade vermeiden: eine Verwirrung, Gefühle, die meine Beziehung zu Egbert gefährden!

»Ich führ' mich schön blöd auf, was?«, frage ich kleinlaut.

»Ja«, sagt er einfach. »Aber ich mag dich trotzdem, und wenn du erst mal hier bist, werde ich dir keine Gelegenheit mehr geben, dich blöd aufzuführen – wenigstens nicht auf die Art. Ich bin sehr neugierig auf dich, wie es mit dir sein wird.«

Wie aufs Stichwort klingelt es an der Tür.

»Ich glaub', der Wagen ist da.«

»Lass dich auf dem Ring, Ecke Lübecker absetzen. Ruf mich übers Handy an, wenn du da bist.«

»Mach ich.«

»Bis gleich.«

Die Straßen sind für einen Freitagabend erstaunlich frei, und so erreichen wir das Ziel schneller als erwartet. Als der Wagen hält, schlägt mir das Herz bis zum Hals. Darauf zu warten, bis der Fahrer das Wechselgeld für meinen Schein aus ich weiß nicht wie vielen verschiedenen Börsen herausgekramt hat, ist ein bisschen zu viel für meine Nerven, und so kommt er mit einem Trinkgeld davon, das höher ist als der Fahrpreis.

Da stehe ich nun mit meinem Handy unter einer Laterne mitten auf dem Ring, mit nichts bekleidet als einem hellen Trench und ein Paar Schuhen. Der Aprilwind bläst mir frisch um die Schenkel, und ich zittere unter dem dünnen Stoff vor Kälte und Aufregung. Egal, da ist das Rufzeichen, und gleich darauf Leons »Hallo«, seine Stimme, die weich meinen Namen sagt, die mich umfängt, mich wärmt und alle Bedenken auf einen Schlag auslöscht.

»Ich sehe dich«, sagt er. »Mach deinen Gürtel los und knöpf den Mantel auf. Dann zählst du langsam bis fünfzig und kommst herüber auf die andere Straßenseite. Ich möchte, dass du dabei die Hände auf dem Rücken verschränkst.«

»Was?! Bei dem Wind stehe ich dann doch total im Freien!«

»Das ist ja der Sinn der Sache.«

»Du willst, dass ich praktisch nackt über die Straße gehe?«

»Ja, Sonia, das will ich«, sagt er so sanft und eindringlich, dass mir trotz der Kälte ein glühender Schauer über den Rücken läuft.

»Und du stehst irgendwo da oben am Fenster beobachtest mich?«

»Nein, ich werde herunterkommen und dich von der anderen Straßenseite beobachten. Leg jetzt auf und geh los.«

Himmel, was mache ich hier? Ich mogle, zähle nicht langsam, sondern im Eiltempo, aber es nützt mir nichts, denn gerade, als ich losstürmen will, ist die dreißig Meter entfernte Ampel umgesprungen und die Autos kommen auf mich zu.

In Pumps ist der Sprint über die vier Fahrbahnen unmöglich zu schaffen, und so siegt der Überlebenswille über die Scham. Ich ziehe mich vom Bordstein zurück, schaue geradeaus, über die Autos hinweg auf mein Ziel. Bloß in keinen Wagen sehen, nicht den Blicken der Insassen begegnen, die sicher Stielaugen angesichts meiner immer wieder zwischen dem Mantelstoff aufblitzenden Blöße haben.

Endlich hat das letzte Auto der Schlange mich passiert. Ich stürze über die Straße, springe auf den gegenüberliegenden Bürgersteig und bremse abrupt, bleibe mit gesenktem Kopf stehen. Ich spüre, wie der Mantel vor meinem Körper beinahe zufällt.

Jemand kommt auf mich zu. Er! Und nur er kann jetzt einen schmalen Streifen meiner Haut erkennen. Es ist mit einmal völlig windstill. Ich traue mich nicht, ihn anzusehen. Keine Ahnung, warum ich da stehe, wie ein scheues Reh, und nicht hochzublicken wage. Schließlich weiß dieser Mann längst alles von mir, mehr, als irgendjemand sonst auf der Welt.

»Sonia.« Da ist sie, seine Stimme, die mich schon durch so viele Höhen und Tiefen dieses Abends begleitet hat. »Sonia, willst du mich denn nicht ansehen?«

Ich schüttle den Kopf und muss über mich selbst lachen. »Ich bin zu verlegen.«

Er lacht auch. »Na, dann werde ich dich mal in Augenschein nehmen.«

Ich schließe die Augen und warte. Das erste, was ich fühle, ist, wie mein Mantel zu beiden Seiten auseinandergezogen wird, den kalten Lufthauch, der über meine Vorderseite streicht. Dann spüre ich zwei warme Hände auf meiner Taille und seinen Körper dicht vor mir. Ein Hauch von Armani steigt mir in die Nase. Ich öffne die Augen einen Spalt und blicke auf einen dunkelgrauen Pullover, eingerahmt von den Revers eines anthrazitfarbenen Sakkos, und eine unbeschreibliche Wärme steigt in mir auf.

Ich hatte mir keine Gedanken darüber gemacht, wie er sich kleiden würde, aber als er von seinen Piercings gesprochen hatte, hatte ich ihn mir wohl automatisch in T-Shirt und Lederjacke vorgestellt. Ich lehne meine Stirn an seine Brust und sauge seinen Geruch ein, seinen angenehmen, männlichen Duft. Er zieht mich an sich. Ich spüre den rauen Stoff seines Sakkos an meinen Brüsten und die Knöpfe kalt an meinem Bauch. Ich schmiege meine Wange an seine Brust, seine Hände streicheln meinen Rücken, und es ist mir völlig egal, dass er meinen Mantel dabei weiter zurückstreift, sodass Passanten und Vorüberfahrende meine nackten Flanken sehen können.

»Sonia? Ich möchte deine Augen sehen«, sagt er. Gedämpft schwingt die Stimme durch seinen Brustkorb an mein Ohr. Seine Hände packen meine Hüften, und er schiebt mich ein Stück zurück. »Komm, sieh mich an.«

Ich öffne die Augen und blicke in sein Gesicht. Ein Gesicht mit Ecken und Kanten, nicht schön, eher markant, doch seine blaugrauen Augen haben den gewissen intensiven Ausdruck, der wohl jeder Frau die Knie weich werden lässt. Und er hat dieses Lächeln, dieses einnehmende Schmunzeln, das Stärke und Willenskraft, zugleich aber auch Zärtlichkeit und Fürsorge verheißt.

»Na? Was denkst du?«, forscht er.

Nichts. Dazu bin ich gar nicht fähig, so laut schreit mein Körper danach, dass er mit mir macht, wovon ich immer geträumt habe, alles das und noch viel mehr.

»Gefalle ich dir?«

»Ja«, fährt es mir blitzschnell heraus, während ich peinlicherweise sogleich erröte.

Ihn scheint das sehr zu erheitern, in meinen Augen völlig übermäßig.

»Ach ja?«, grinst er, und hätten diese distanziert, von oben herab gesprochenen zwei Silben nicht genügt, mir klarzumachen, dass just in diesem Augenblick das Spiel begonnen hat – der nächste Satz hätte es bestimmt getan: »Tja, leider bist du aber nicht der Typ von Frau, der mir gefällt.«

Ob es wahr ist oder vorgetäuscht, das spielt keine Rolle. Das Kalte, Zurückweisende in seiner Stimme ist vollkommen überzeugend, und so trifft mich die Bemerkung wie eine Ohrfeige. Doch bevor ich zu Boden gehen kann, fährt er fort: »Aber vielleicht hast du ja verborgene Qualitäten, die mich vom Gegenteil überzeugen können. Wenn du reinkommen willst, um mir das zu beweisen ...« Er wendet sich ab und geht auf das Haus zu, vor dem wir stehen, drückt die schwere hölzerne Eingangstür auf, und ich muss mich beeilen, damit sie mir nicht vor der Nase zuschlägt.

Wir steigen die breite Steintreppe hinauf in den zweiten Stock. Er öffnet die Wohnungstür und geht vor in einen großzügigen Altbauflur. Hier halten wir uns nicht auf, sondern gehen gleich weiter nach links in ein großes Zimmer: hohe Decken, weiße Wände, Parkett. Sparsam, aber edel möbliert. Antikes mit Modernem geschmackvoll kombiniert, unaufdringlich, angenehm, zum Wohlfühlen. Ich hatte nichts Spezielles erwartet, ganz sicher keine Bordellatmosphäre mit rotem Plüsch und billigen Goldspiegeln, aber ein wenig überrascht bin ich doch. Keine erotische Kunst an den Wänden, nichts, das darauf hindeutet, was hier getrieben wird.

Er wirft im Vorbeigehen die Schlüssel auf den Sekretär, der an der linken Wand steht, und geht weiter zu der der Tür gegenüberliegenden Fensterseite, wo eine große, schwere Ottomane steht. Dort macht er es sich bequem und schaut mich auffordernd an. »Na, dann zeig mal, was du so zu bieten hast.« Mit einer ungeduldigen Handbewegung fordert er mich auf, näherzukommen und den Mantel abzulegen.

Ich lasse ihn von den Schultern rutschen und zu Boden fallen, gehe zaghaft einige Schritte vorwärts, bis ich nackt und hilflos in der Mitte des Zimmers stehen bleibe, seinem kühlen, kritischen Blick ausgesetzt, der mich vollständig lähmt. Eine ganze Weile vergeht, in der er mich auf diese Weise anstarrt.

»Und?«, fragt er auf einmal barsch. »War's das jetzt schon oder wie?«

»Nein ... äh ... ich weiß nur nicht ... was ich machen soll«, gebe ich leise und mit niedergeschlagenen Augen zurück. »Du musst mir sagen, was dir gefällt.«

»Also, wenn du das nicht selbst weißt – du meine Güte! Was bist du denn für eine?! Mir gefällt, was allen Männern gefällt! Los, präsentiere dich mal ein bisschen, zeig mir deinen Körper.«

Unter seinen gestrengen Augen drehe ich mich einmal um die eigene Achse, wobei mir nur zu deutlich bewusst ist, wie ungelenk die Bewegung selbst auf den anspruchslosesten Zuschauer wirken muss. Da der Mann, der mich aus der bequemen Zuschauerposition mit seinem kühlen Blick mustert, ein Mann mit Geschmack ist, lässt die Kritik auch nicht auf sich warten. »Hör auf, steh lieber wieder still!«, unterbricht er meine Darbietung. »Der Anblick ist einfach zu traurig!«

Er springt auf und geht zu einem Regal auf der rechten Seite hinüber. »Da, sieh dir das an.« Er schleudert ein paar Magazine quer durch das Zimmer in meine Richtung. Sie rutschen über das Parkett zu mir hin und bleiben vor meinen Schuhspitzen liegen. »Mach schon, sieh dir die Frauen an.«

Ich stehe da und gucke ihn nur verwirrt an.

»Los, auf die Knie! Nimm ein Heft! Sieh es dir an!«

Ich lasse mich auf die Knie sinken und nehme zögernd eines der Hefte auf. Es ist kein Hochglanzmagazin, sondern ein billiges Heft aus dem hohen Norden; zumindest ist der jeweils erste der viersprachigen Begleittexte in Schwedisch abgefasst. Es spielt ja auch keine Rolle, da es um die Bilder geht. Die Fotos sind primitiv, schlecht aufgenommen, die Frauen haben keine Modelfiguren, sondern ganz gewöhnliche Körper, abgebrochene Fingernägel, schlecht gefärbte Haare, und man sieht jede Hautunreinheit. Natur pur.

Ich finde die Bilder einfach abstoßend, aber Leon sagt: »Das da, das sind richtige Frauen. Weibliche Frauen. Frauen, die scharf sind, die einen Mann brauchen und ihm das auch zeigen. Siehst du, wie sie gierig ihre Schenkel spreizen, dem Mann ihr offene Möse hinhalten, wie sie seinen Schwanz erwarten – man kann ihre Erregung förmlich spüren, ihre Hitze, ihre Nässe ... Auf solche Frauen stehe ich!«

Objektiv bin ich hundertmal schöner als diese Frauen, aber trotzdem gefalle ich ihm nicht.

Vor meinem inneren Auge sehe ich sein Lächeln, als wir unten auf der Straße standen, spüre seine warmen Hände auf meiner Haut, und ich sehne mich nach diesem Moment zurück, nach einer Fortsetzung dieser Berührung ...

Aber er wäre lieber mit einer dieser Frauen aus dem Heft zusammen. Sieht er denn gar nicht, wie hässlich diese Frauen sind? Wie primitiv? Wie billig? Blicklos starre ich auf die Seiten des Magazins und fühle mich zutiefst gedemütigt.

»Leg das Heft weg und zeig dich mir, wie eine dieser Frauen«, fordert er mich auf. »Dreh dich um, geh auf alle viere und lass mich deinen Arsch sehen.«

Ich tue, was er verlangt, wende ihm von tiefer Scham erfüllt meine Kehrseite zu. Meine Schenkel, meine Hinterbacken, mein Rücken sind völlig verkrampft, und ich könnte laut schreien vor Anspannung, Widerwillen und Trotz.

»Den Kopf nach unten, tiefer, und wirst du wohl den Rücken durchbiegen? Spreiz die Beine. Weiter. Mehr. Noch mehr. Meine Güte, bist du hölzern! Du sollst mir deine Spalte hinhalten, du dummes Ding! Was glaubst du wohl, was ich da sehen kann, wenn du die Beine nicht weiter auseinandermachst? Bei dem Urwald! Wenn du dich schon nicht rasierst, wie es sich für eine Frau gehört, die einem Mann gefallen will, dann musst du deine Beine weit aufmachen.«

Ich spreize die Schenkel so weit ich kann, aber es genügt nicht, natürlich genügt es nicht.

»Nein, so kann ich nichts sehen«, sagte er kalt. »Lass die Hände auf dem Boden und komm von den Knien auf die Füße. Beine spreizen und durchdrücken. Stell die Füße weiter auseinander. Nein! Nicht in den Knien einknicken! Um Gottes willen! Was glaubst du denn, wie das aussieht! Halt ja die Beine durchgedrückt. Ich glaube, du kannst noch etwas weiter grätschen. Nicht so ruckeln! Meine Güte, wir sind hier nicht in der Turnhalle! Das erregt mich nicht. Du erregst mich überhaupt nicht, wie du da rumturnst. Ich will, dass du dich geil bewegst, dass du Bewegungen machst, die mich aufregen! Versuch doch wenigstens mal, ein bisschen erotisch zu wirken! Zieh mal diese Pumps aus. Stell die Füße noch weiter auseinander. Nein, das nützt auch nichts. Du hast einfach zu viele Haare. Da sieht man überhaupt nichts. Geh wieder auf die Knie, so wie eben. Du musst deine Spalte mit den Fingern aufhalten. Leg dein Gesicht auf den Boden. Und jetzt greif mit beiden Händen zwischen deine Beine. Fass deine Schamlippen am äußeren Rand und zieh sie auseinander.«

Tränen steigen mir in die Augen. Die kalte Verachtung in seiner Stimme lässt jedes Wort wie einen Messerstich schmerzen, und schon jetzt glaube ich, es nicht mehr ertragen zu können.

Dennoch tue ich wie befohlen, nehme diese unbequeme Haltung ein, und als meine Hände meinen Schoß erreichen, spüre ich die enorme Menge Feuchtigkeit, die aus mir heraussickert. Ich bin dermaßen nass, dass mir die glitschigen Häute immer wieder aus den Fingern rutschen.

»Nein, nein, nein!«, ruft er nach einer Weile laut aus. »Das ist ja nicht auszuhalten! Schlimm genug, dass ich dir sagen muss, was du tun sollst! Und dann kriegst du die einfachsten Sachen nicht mal hin! Was glaubst du denn, was das da werden soll? Kannst nicht mal deine Mösenlippen festhalten! Versuch's nochmal, aber diesmal richtig! Streng dich mal ein bisschen an!«

Ich bemühe mich, aber die Position und meine Nässe machen ein richtiges Zufassen unmöglich. Plötzlich höre ich, wie er sich bewegt, dann sehe ich seine Schuhe direkt vor meiner Nase. »Lass es. Steh auf.«

Ich komme auf die Füße. Er fasst mit einer schnellen Bewegung zwischen meine Beine und hält mir die nassen Finger vors Gesicht. »Was ist das? Wonach sieht das aus, hm?«

Als ich nicht antworte, packt er mit einer Hand mein Haar, damit ich nicht zurückweichen kann, und führt die Finger so dicht an meiner Nase entlang, dass etwas von der Feuchtigkeit haften bleibt. »Da, das ist dein Geilsaft. Riechst du ihn?«

Er reißt einmal kurz, aber so heftig an meinen Haaren, dass ich vor Schmerz aufschreie. »Was ist? Riechst du ihn?« Wieder zerrt er an meinem Schopf.

»Ja«, wimmere ich, und zur Sicherheit noch einmal »Ja!«, aber er lässt mein Haar trotzdem nicht los.

»Mach den Mund auf«, kommandiert er.

Aus Angst vor weiterem Haareziehen gehorche ich auf der Stelle. Er steckt mir seine Finger in den Mund und befiehlt mir, sie abzulecken, was ich genauso prompt tue.

»Das ist dein Saft«, sagt er belehrend, »und wo der herkam, gibt's noch eine Menge davon. Wie kommt das wohl? Könnte es vielleicht daran liegen, dass du geil bist? Dass du einen Schwanz brauchst? Was ist? Willst du nicht antworten?«

Er reißt wieder an meinem Schopf, gleich ein paarmal.

»Ja, ja!«, stöhne ich. Durch den Zug an meinem Haar wird mein Kopf weit nach hinten gebogen.

»Sag es. Sag: Ich bin geil.«

»Ich bin geil.«

»Brauchst du einen Schwanz? Willst du, dass ich dich ficke?«

»Ja.«

Er reißt dermaßen hart an meinem Haar, dass ich mich schon skalpiert glaube und meinem Mund unwillkürlich ein schriller Laut der Qual entfährt. Aber immerhin ist mir sofort klar, weshalb er es getan hat, was er von mir will, und so stürzen die geforderten Worte sich überschlagend aus meinem Mund: »Ich brauche einen Schwanz. Ich will, dass du mich fickst.«

Für mich selbst hört es sich nur nach ein paar undefinierbaren Jammertönen an, aber Leon scheint zufrieden zu sein. Wenigstens lässt er mein Haar los.

»Na, bitte! Geht doch«, sagt er und lächelt. »War das denn so schwierig?« Er umfasst mein Gesicht mit beiden Händen und streichelt meine Wangen mit seinen Daumen, während er in meinen Augen forscht.

»So. Du willst also, dass ich Sex mit dir mache«, konstatiert er, nun wieder vollkommen ernst. »Aber andererseits kannst du nicht mal ein paar Kleinigkeiten für mich tun, um mich zu erregen. Was soll ich denn davon halten?«

Statt einer Antwort fange ich an zu weinen.

»Ich meine, so wird das einfach nichts«, sagt er kopfschüttelnd, lässt mich los und tritt einen Schritt zurück. Das hat keinen Zweck mit dir. Du bist so ein steifes, verklemmtes Ding, da komme ich nicht in Stimmung.«

»Aber ich bin doch ... gar nicht so«, schluchze ich, »Will nicht ...«

»Wie alt bist du? Fünfundzwanzig, sechsundzwanzig? Wie alt? Sag!«

»Sechs ... und ... zwanzig«, schniefe ich.

Er schüttelt wieder den Kopf, als könnte er es gar nicht fassen. »Sechsundzwanzig, und du führst dich auf wie ein Schulmädchen! Das hier«, er blickt demonstrativ an mir herunter, »das ist der Körper einer Frau. Aber da drinnen, da bist du gar keine richtige Frau, sondern ein kleines, dummes, unbeholfenes Ding, das überhaupt keinen Sex hat. Bei jeder Kleinigkeit schämst und zierst du dich wie eine Jungfrau – und so was will mit mir ficken?« Er verdreht die Augen, und sein Ton driftet ins Höhnische. »Da kann ich wirklich bloß lachen! Glaubst du, so eine Unschuld vom Lande könnte mich reizen? Geschweige denn befriedigen, davon wollen wir gar nicht reden. Du schaffst es ja nicht mal, mich anzumachen.«

»Aber ... wenn ich ...«, heule ich, »wenn du ... wenn wir ... es tun würden ... «

»Wenn ich, ähäh, wenn du, ähäh, wir, hmhm, es tun würden!«, unterbricht er mich boshaft. »Wenn wir was tun würden? Du kannst es ja noch nicht mal aussprechen! Du bist doch ein absolut hoffnungsloser Fall!«

»Bin ich nicht!«, begehre ich verzweifelt auf. »Und ich kann es wohl sagen: ficken. Da hast du's. Vögeln, bumsen, ficken. So.«

»Ach! Und du glaubst tatsächlich, dass das genügt, dich für mein Bett zu qualifizieren?« Er schüttelt den Kopf und sieht mich mit abgrundtiefem Erstaunen an, ein Blick, der fast noch mehr wehtut, als der abfällige Klang seiner Stimme.

Aber dann legt er eine Hand an meine Wange und sagt ruhig und begütigend: »Du kannst also ein paar schmutzige Wörter ausspucken, na schön, na schön.« Er streift mit dem Daumen über meinen Mund, während er mich nachsichtig-belustigt anblickt. Dann kostet er meine Lippen, und ich, überrascht von der plötzlichen Geste der Zärtlichkeit, bin wie gelähmt und kann seinen Kuss nicht erwidern.

»Was ich gesagt habe: Du taugst zu gar nichts, nicht mal zum Küssen«, sagt er ungehalten und lässt mich wieder los.

»Das war doch nur, weil ich so überrascht war!« Vor Wut auf mich, meine Schwerfälligkeit, vor Wut auf ihn, der mir keine Zeit ließ, mich auf die Situation einzustellen, stampfe ich mit dem Fuß auf den Boden. »Ich kann küssen, ich kann wirklich gut küssen. Bitte, lass es mich dir beweisen! Küss mich nochmal, bitte.«

»Kein Interesse«, gibt er gelangweilt zurück. »Wer will schon so ein Häufchen Elend mit rotgeflennten Augen küssen.«

Dann ergreift er unvermittelt meinen Arm und zerrt mich daran ins Badezimmer. Es ist ein großer, stilvoll in

Schwarz-Weiß-Gold gehaltener Raum. Überall stehen Flakons und Pflegemittel herum. »Los, wasch dir das Gesicht, Heulsuse.«

Als ich nicht gleich reagiere, schiebt er mich unsanft zum Waschbecken und dreht den Kaltwasserhahn auf. Mit der linken Hand schlingt er mein Haar um seine Hand und zwingt meinen Kopf in die Tiefe. Mit der Rechten spritzt er mir schwallweise Wasser ins Gesicht. Zuerst fließt es fast lauwarm aus dem Hahn, doch je länger die Prozedur dauert, desto kälter wird es. Als er mich endlich wieder an den Haaren hochzieht, fühlt sich mein Gesicht eisig und taub an. Rinnsale sickern über meinen Hals auf meine Brust. Mein Spiegelbild macht nach dieser Behandlung einen noch jämmerlicheren Eindruck, und der aufwendige Goldrahmen um meine zerrupfte Erscheinung verstärkt diesen nur.

»Ja, sieh dich an! Gott, ist das ein Trauerspiel!« Er drückt mir ein Handtuch in die Hand. »Abtrocknen.«

Ich wische mir das Gesicht ab, derweil er in einem Regal herumkramt. »So, jetzt setz dich dahin.« Er deutet mit dem Kopf auf die breite Einfassung der Badewanne. Er hält eine kleine Porzellanschale in der linken Hand und in der rechten einen dicken Rasierpinsel, mit dem er jetzt den Schaum aufzurühren beginnt. »Spreiz die Beine«, kommandiert er.

»O nein!«, stöhne ich, und zum ersten Mal regt sich so etwas wie ernsthafter Widerstand in mir. Wie soll ich Egbert das erklären? »Muss das denn sein?!«

Vollkommen gelangweilt blickt er mich an. »Natürlich *muss* das nicht sein«, sagt er. »Es wird nicht ohne Spuren abgehen, darauf solltest du dich einrichten. Aber wenn das ein Problem für dich ist ... Wir können das alles auch gerne lassen.«

Ihm wäre das nur recht. Daran lässt er ja keinen Zweifel. Ich schlucke ein paarmal und sehe zur Decke, um die Tränen, die schon wieder fließen wollen, zurückzudrängen.

Dann kommt mir auf einmal wieder ins Bewusstsein, dass dies alles nicht echt, sondern nur ein Spiel ist, dass ich bloß bekomme, wonach ich verlangt habe. Ich selbst habe unsere Rollen so vorgegeben.

Aber ist es das, was ich gewollt habe? Es tut weh. Ich fühle mich so gedemütigt. Und doch macht es mich unglaublich scharf. Warum ist das nur so? Ich muss doch verrückt sein, wenn mich so was erregt. Immerhin, ich kann jederzeit aus der Sache aussteigen, wenn ich das Wort benutze. Wie enttäuscht ich war, als er davon anfing! Aber in diesem Moment fühle ich Erleichterung, beinahe Dankbarkeit. Ich könnte das Wort jetzt aussprechen, und sofort wäre Schluss.

Ich könnte ihn bitten, etwas anderes mit mir zu machen, etwas Zärtliches. Ich müsste nicht mal bitten, ich könnte es verlangen, und er würde es tun, weil es sein Job ist, mich zufriedenzustellen. Wäre es jetzt nicht viel schöner, umarmt, geküsst, gestreichelt zu werden?

Doch während ich mir gerade allerlei Zärtlichkeiten vorstelle, merke ich, wie meine Lust zu schwinden beginnt. Meine Brustwarzen werden weich, ziehen sich zurück, und das süße Zucken in meinem Schoß lässt nach. Ich mache die Gegenprobe, denke schnell wieder an seine gelangweilte Miene, an den herablassenden, abfälligen Klang seiner Stimme, an seinen kühlen Kommandoton – und schon setzt das Kribbeln zwischen meinen Beinen wieder ein. Gott, ich funktioniere wie ein Automat! Das ist schrecklich!

Nein, ist es nicht. Auch wenn ich ausgerechnet auf so was Negatives wie Zurückweisung, Herabsetzung, Zwang und Schmerz reagiere, immerhin gibt es etwas, mit dem sich meine Lust zuverlässig in Gang bringen lässt. Nach all diesen Jahren ist das schon was. Und ich bin nicht hier, um mir Gedanken darüber zu machen, sondern um es auszukosten!

Jetzt erst fällt mir auf, dass Leon mich aufmerksam mustert. Offenbar hat er bemerkt, dass mich etwas beschäftigt, und mir einfach Zeit gegeben, meine Gedanken in Ordnung zu bringen. Wie er die Situation im Griff hat!

»Spreiz die Schenkel«, wiederholt er jetzt ruhig, und er wirft mir einen Blick zu, der soviel besagt wie: »Du wirst es am Ende sowieso tun, also mach es doch gleich. Erspar's mir, dir erst wieder wehtun zu müssen.«

Und so gehorche ich dann auch.

Schnell und sicher wird Schaum auf meinen behaarten Hügel aufgetragen, dann reibt der Pinsel den Schaum abwärts über die rechte Schamlippe, danach über die linke, bis er schließlich überraschend in meine offene Furche gleitet und über meinen bloßliegenden Kitzler streift, aufwärts, abwärts, aufwärts, abwärts, mit einer perfiden Sanftheit und Langsamkeit, die mich ganz verrückt macht. Unwillkürlich schiebt sich mein Becken nach vorn, woraufhin der Pinsel jedoch gleich zurückgezogen wird.

»Ja, so sitzt du endlich richtig«, kommentiert Leon, und lässt sich jetzt, mit einem Einmalrasierer bewaffnet, zwischen meinen weit geöffneten Beinen auf die Knie herab.

Er reißt die Verpackung auf. Die Klinge schabt über meinen Hügel. Der Rasierschaum brennt, aber das vergesse ich sofort, als seine sanften Finger sich an meinen Schamlippen zu schaffen machen, sie festhalten, glatt ziehen, flachlegen, dehnen, zurückschnellen lassen, während die Klinge ihr Werk verrichtet. Aus Angst, er könnte ausrutschen und mich schneiden, wage ich kaum zu atmen, doch als er den Rasierer endlich beiseitelegt und mir die Schaumreste mit einem nassen Tuch abtupft, kommt aus der Tiefe meiner Kehle ein wollüstiges Stöhnen, das mich selbst überrascht. Auch Leon blickt verwundert auf und reicht mir dann mit einem amüsierten Hochziehen der Augenbrauen einen brandneuen, tomatenroten Lippenstift. »Hier, schmink dir deine kleine, blasse Spalte.«

Er zieht einen Hocker heran, setzt sich vor mich und hält mir einen tellergroßen Spiegel zwischen die Beine. Da ich überaus nass bin, haftet der Lippenstift nicht, und das Auftragen dauert Ewigkeiten. Zu allem Überfluss stimuliert mich die Berührung noch mehr, was ihm natürlich nicht entgeht. Sein Mund verzieht sich zu einem süffisanten Lächeln. Eigentlich trage ich ja nur die Farbe auf, aber praktisch masturbiere ich vor seinen Augen, und obwohl die Scham über die unwillkürliche Reaktion meines Körpers und die Demütigung, dass er mich dabei beobachtet, unerträglich sind, zittert mein ganzer Körper vor Lust.

Schmunzelnd ruht sein Blick auf meiner Mitte. »Wenn Tierweibchen in der Brunstzeit sind, ist das für die Männchen ganz offensichtlich. Die Weibchen strömen bestimmte Gerüche aus, und bei vielen sind die Geschlechtsteile ganz rot und geschwollen. So wie jetzt bei dir. Früher haben sich viele Huren ihre Spalte rot geschminkt, weil sie wussten, dass die Männer sich diesem Reiz überhaupt nicht entziehen können. Sie reagieren auf den Anblick, ob sie es wollen oder nicht, ganz unbewusst.«

Heißt das, dass er sich dem Reiz auch nicht entziehen kann?

Er steht auf und schiebt den Hocker mit dem Fuß beiseite. »Komm mal runter da, geh auf die Knie, Hintern hoch und die Beine schön auseinander. Ich möchte jetzt deine geile, rote Spalte von hinten sehen.«

Ich lasse mich widerspruchslos vor ihm auf die glatten Fliesen hinab, deren Kühle ich angesichts meiner inneren Hitze fast als Erleichterung empfinde.

»Schultern und Kopf tiefer«, verlangt er, »und den Arsch schön hoch, halt ihn mir hin, zeig mir deine gierige Möse. Beweg dich ein bisschen, kreise mit deinen Hinterbacken. Kriech vor mir her, aber nicht die Schultern hochnehmen. Hast du schon mal eine rollige Katze gesehen? Hast du gesehen, wie sie sich bewegt, wenn sie ihre fruchtbare Zeit hat? Sie dehnt und windet sich, reibt sich an den Möbeln, am Teppich, überall, und sie maunzt und schreit vor Verlangen. Mir gefallen ursprüngliche Frauen, bei denen man noch sieht, dass der Mensch vom Tier abstammt, verstehst du? Solche, die sich winden vor Geilheit, die sich gierig am Mann reiben und vor Lust seufzen und stöhnen.«

Er hockt sich vor mich und hebt meinen Kopf an, sodass ich ihn ansehen muss.

»Und du möchtest mir doch gefallen, nicht wahr?«

»Ja«, flüstere ich.

»Du möchtest, dass ich dich begehre?«

»Ja.« Ja, ja, ja!

»Und hast du jetzt verstanden, dass Schönheit allein mich nicht beeindruckt? Du hast einen sehr schönen Körper, Sonia, aber das ist unwesentlich. Was fehlt dir? Was muss eine Frau tun, um mich zu reizen? Wie muss sie sein?«

»Tierhaft?«, antworte ich mit unsicherer Stimme. »Gierig?«

»Genau. Sie muss mir zeigen, dass sie es braucht.« Er streichelt meine Brüste, bringt sie mit kleinen Bewegungen zum Schwingen, hält sie in seinen warmen Händen und knetet sie sanft. »Brauchst du meinen Schwanz?«, fragt er leise, fast beiläufig, während er die Behandlung fortsetzt.

»Ja«, seufze ich ebenso leise, genieße, was er gerade mit mir tut. Doch die Strafe folgt auf dem Fuße.

»Ich dachte, du hättest inzwischen mal begriffen, wie du bestimmte Fragen zu beantworten hast«, sagt er scharf.

Er packt meine Brustwarzen mit jeweils drei Fingern und lässt mich seine Nägel spüren. Es ist zunächst nur ein leichtes, rhythmisches Pieksen, das beinahe angenehm ist. Aber da ich nicht gleich weiß, was er will, und zu lange überlege, steigert sich das sanfte Zwicken schnell zu einem unerträglichen Kneifen. Fieberhaft denke ich nach, aber wie soll man sich bei diesen schmerzhaften Bissen konzentrieren? Doch da fällt mir die Lektion, die er mir anhand meiner Haare erteilt hat, plötzlich wieder ein: Ein einfaches »Ja« oder »Nein« genügt nicht. Er will den Satz nochmal hören.

»Ich brauche deinen Schwanz!«, stöhne ich gepeinigt.

»Ahhh«, macht er ironisch. »Das ist doch eine ganz effektive Methode. Und jetzt sag mir: Wo brauchst du ihn?«

»In mir drin.«

Falsch, denn er zwirbelt meine empfindlichen Knospen wie verrückt. Klar, es war ja auch wieder kein ganzer Satz. Oh, ich muss mir das endlich mal merken!

»Ich brauche deinen Schwanz in mir drin!«

Trotzdem falsch! Er kneift mich jetzt so heftig, dass ich alternative Formulierungen nur noch zwischen Schreien und Jammern und Bitten hervorstoßen kann: »Ich brauche ihn in meiner Höhle? ... Oh, bitte nicht mehr! ... Auuu, bitte, nein, neeeiiin!!! ... In meiner Grotte! ... Auauauuuhhh! ...«

Der Schmerz hört nicht auf. Ich kann überhaupt nicht mehr denken. Mir fällt nichts ein, keine Worte mehr, ich weiß nicht was er hören will, da ist nur noch Schmerz, der mich irremacht, der mich sinnlose Silben hervorstoßen lässt, bis schließlich ein Damm in mir reißt, bis mir alles egal ist und ich vollkommen verzweifelt aus voller Kehle kreische: »Ich brauche deinen Schwanz in meinem gierigen, nassen, geilen Loch!«

Endlich! Der schrille Schmerz hört auf, geht über in ein dumpfes Pochen, das meine ganzen Brüste durchzieht.

Doch das war anscheinend nur eine kleine Atempause, denn er fragt weiter: »Und was soll mein Schwanz machen?«

Er hat die Frage kaum ausgesprochen, und schon beginnt sich der Druck auf meine bereits arg malträtierten Knospen wieder leicht zu verstärken. Nein! Nicht schon wieder! Diese Nägel beißen hart wie eine Kneifzange! Alles, bloß das nicht, und es ist doch sowieso egal, ich habe es ja schon gesagt und kann es noch mal sagen, kann es auch anders und noch vieles mehr sagen, wenn mir bloß diese gemeinen Bisse erspart bleiben! Und so stoße ich eiligst hervor: »Er soll mein nasses, geiles Loch ordentlich durchficken!«

War wohl richtig. Kein Zwicken. Aber die Nägel bleiben mit leichtem Druck liegen, um mich daran zu erinnern, dass sie jederzeit wieder zubeißen können.

»Weil?«

»Weil ich es brauche?«

Die Nägel lauern, greifen aber nicht an. Noch nicht.

»Was noch? Was bist du? Wie nennt man gierige Frauen?«

»Nymphomaninnen?«

Zwickzwack! Hart, unerträglich! Ich schreie, schluchze trocken, und versuche es noch mal mit »Schlampen?«, sicher, dass es so richtig war, doch der strafende Schmerz belehrt mich wieder einmal eines Besseren. Was ist falsch? Was ist jetzt schon wieder falsch?! Natürlich, dasselbe wie immer! Kein ganzer Satz.

»Weil ich eine Schlampe bin.«

»Genauer.«

»Weil ich eine Schlampe bin, die es immer braucht.«

»Nicht schlecht, aber das kannst du noch besser. Ich weiß, dass du es besser kannst, und du könntest dir mehr davon«, er zwickt einmal zart zu, »ganz leicht ersparen, wenn du mir einfach sagen würdest, was ich hören will.«

»Aber ich weiß doch nicht, was du hören willst«, jammere ich verzweifelt, weil die Nägel ihr Werk bereits wieder aufzunehmen beginnen.

»O doch, das weißt du sehr gut«, widerspricht er. »Du bist nur zu verklemmt, es auszusprechen. Aber ich werde dich schon dazu bringen. Ich werde dir so wehtun, dass du gar nicht anders kannst.«

Es stimmt. Er hat absolut recht. Irgendwo in mir weiß ich immer ganz genau, was er hören will, doch erst, wenn mir der Schmerz die Kontrolle nimmt, wenn er so stark wird, dass ich alles zu tun bereit bin, um ihm zu entkommen, erst dann kommen diese Worte über meine Lippen.

Wund, wie meine Knospen bereits sind, dauert es diesmal nicht lange, bis sich dieser Zustand einstellt.

»Weil ich eine gierige Schlampe bin ...«, stöhne ich atemlos vor Schmerz, »eine läufige Hündin ... auahhh ... eine notgeile Sau ... oje ... auauau ... mit einer triefenden Fotze, die andauernd einen Schwanz braucht ... einen dicken, harten Schwanz, der sie kräftig durchstößt.«

»Na, also!«, sagt er, und die Nägel entfernen sich. Er streichelt mir zärtlich übers Haar. »Ich wusste doch, dass du es kannst! Das war sehr gut, wirklich.« Er hebt mein Gesicht auf und küsst mich voll auf den Mund.

»Und das gleiche zeigst du mir jetzt mit deinem Körper.« Er steht auf und tritt beiseite. »Zeig's mir jetzt. Beweg dich, los!«

Ich denke an die rollige Katze und setze mich kriechend in Bewegung, zurück zum großen Zimmer. Ich versuche, die geschmeidige Bewegung so gut zu imitieren wie ich kann, doch die ganze Zeit über spüre ich seine Blicke wie Nadelstiche auf meiner Kehrseite. Er ist nicht zufrieden. Ich spüre seine Missbilligung wie eine Gewitterwolke über mir schweben. Doch erst als wir uns in der Mitte des großen Raums befinden, entlädt sie sich.

»Erbärmlich«, zischt er, »einfach erbärmlich! Dass du perfekt bist, erwartet keiner von dir, aber dass du dich nicht mal bemühst, zeigt doch, dass dir nichts an der ganzen Sache liegt. Am besten vergessen wir das alles ganz schnell, es sei denn ...« Er macht eine kunstvolle Pause. »Ach was, das lohnt ja bei dir nicht. Es ist zwecklos. Vergiss es.«

»Was denn? Was ist es?«, frage ich verzweifelt, während Tränen aus meinen Augen stürzen.

»Offenbar gibt es nur einen Weg, dich dazu zu bringen, dass du etwas lernst.« Er entfernt sich, ich höre eine Tür klappen, dann wieder seine Schritte. Er geht vor mir in die Hocke. In seinen Händen hält er eine lange, schmale Gerte, die ich mir lieber nicht zu genau ansehen will.

»Möchtest du lernen, Sonia?«

Trotz des bösartigen Instruments vor mir presse ich zwischen halb unterdrückten Schluchzern ein »Ja« heraus.

Er legt die Gerte vor mir auf den Boden, hebt dann mit beiden Händen mein Gesicht zu sich auf. Ganz sanft sind seine Hände dabei, und nicht minder sanft ist seine Stimme. »Wirklich? Sieh mich an.«

Seine Augen forschen aufmerksam in meinen, und er setzt gerade an, noch etwas zu sagen, als Worte wie von selbst aus meinem Mund strömen: »Schlag mich. Mach es weg, mach mir diese Sperre weg. Schlag sie aus mir heraus. Bring mich dazu, bloß noch Körper zu sein.«

Er streift leicht mit seinen Lippen über meine. »Gleich wirst du aufhören zu denken und nur noch fühlen«, sagt er leise, »den Schmerz, deine Lust ...«

»Ja«, flüsterte ich, und er küsste mich noch einmal, diesmal voll auf den Mund. Dann nimmt er die Gerte und erhebt sich.

Ich höre seine Schritte, und alles in mir krampft sich schon in Erwartung des Schmerzes zusammen. Doch alles, was passiert, ist, dass sich die Gerte an meine Hinterbacken legt. Vor Schreck zucke ich trotzdem zusammen. Ich will, dass er mich peitscht, will, dass der Schmerz die letzten Grenzen in mir auslöscht, und zittere gleichzeitig vor Angst.

»Vorwärts«, kommandiert Leon ruhig und die Gerte tippt sacht gegen meine Hinterbacken.

Ich setze mich in Bewegung. Wie ein Tier, ermahne ich mich, weich, geschmeidig ...

»Bieg den Rücken mehr durch. Den Arsch hoch«, fallen die mir schon vertrauten Befehle, unterstützt vom mehrmaligen leichten Tippen der Gerte auf die entsprechenden Körperstellen und festeren Schlägen auf den Po, wenn ich nicht gleich reagiere. Leons gleichmäßiger, ruhiger Kommandoton und das Tippen der Gerte, das ich überall, auf Rücken, Bauch, Brüsten, Flanken, Armen und Schenkeln spüre, dirigiert mich durch den Raum. »Komm schon, schlaf nicht ein. Eins, zwei, eins, zwei, eins, zwei«, gibt er den Rhythmus vor und macht ihn durch kurze, feste Schläge, die mich aufjammern lassen, auf meinen Hintern fühlbar. Doch ich krieche weiter, ohne die Bewegung zu unterbrechen, passe mich dem Takt an, den die Gerte jetzt beständig durch Schläge auf die Rückseite meiner Schenkel vorgibt, links, rechts, links, rechts, links, rechts, kurze, harte Schläge, die keinen Raum lassen für irgendeinen Gedanken, sondern mich antreiben zu reagieren, Befehl, gehorchen, Befehl, gehorchen, Befehl, gehorchen, unmittelbar, ohne zu denken. Keine Gegenwehr ist möglich, nur ein Annehmen, ein Hineinfallenlassen in die sengende Hitze, den schneidenden Schmerz, der mich gleichsam vorwärtstreibt, bis ich ihn kaum mehr als solchen spüre, die Hiebe nur mehr als ein Klopfen auf meiner Haut wahrnehme.

In dieser Phase der Abstumpfung, in der ich wie ein Automat über den Boden krieche und kaum mehr etwas wahrnehme außer meiner Erschöpfung, einer tiefen Müdigkeit, drängt es mich, mich hinzulegen, einfach aufzugeben, aber dann steigt ein Gefühl der Leichtigkeit in mir auf, das sich mit der Zeit ausdehnt, Raum in mir greift, mich auszufüllen beginnt. Und damit kehrt Energie zurück, durchflutet meinen Körper, der sich plötzlich wieder wach und lebendig zu fühlen beginnt, warm, entspannt, freier denn je, so als wäre eine schwere Last einfach von mir abgefallen. Ich recke mich, dehne mich, und auf einmal spüre ich es in mir, die Sinnlichkeit, die

Lust daran, mich zu bewegen, meinen weiblichen Körper zu spüren, meine Brüste über den Boden schleifen zu lassen, sie leicht an dem glatten, glänzenden Stoff der Ottomane zu reiben, meine Flanken an deren Rand zu scheuern, hinaufzukriechen, mich darauf herumzurollen, meinen Bauch an einem Kissen zu reiben, auf den Knien wie eine Katze zu buckeln und mich wieder zu strecken, meinen Arsch mit weit gespreizten Beinen in die Luft zu strecken, mein Becken kreisen zu lassen, die Schenkel zu schließen, um sie aneinander zu reiben, wieder von der Ottomane herunterzugleiten, mich auf dem kühlen Parkett zu wälzen, den ganzen Raum mit meinem Körper, meiner Haut zu erfahren.

Leon hat inzwischen auf dem Stuhl am Sekretär Platz genommen und beobachtet mich lächelnd. Ich bewege mich auf ihn zu, reibe mein Gesicht und meinen Hals an seinem übergeschlagenen Bein, umklammere es dann, seinen Fuß zwischen meinen Schenkeln einklemmend. Ohne den kleinsten Anflug von Scham fange ich an, mich lüstern am glatten Leder seines Schuhs zu reiben, mich daran zu befriedigen. Ich kann ihm dabei sogar ohne Verlegenheit ins Gesicht sehen, und da ich das kann, sehe ich die Erregung in seinen Augen und weiß, dass es jetzt vorbei ist, dass ich ihm endlich gefallen habe. Es wäre gar nicht mehr nötig, dass er es mir sagt, aber er tut es trotzdem, lobt und streichelt mich und sagt mir, wie sehr er mich jetzt begehrt.

Dann packt er mich unter den Achseln und hebt mich hoch, während er gleichzeitig aufsteht. Meine Arme schlingen sich um seinen Hals und meine Beine um seine Hüften. Er hält mich, presst mich fest an sich. Ich spüre die Hitze seines Körpers durch die Kleidung an meiner nackten Haut und den Druck seines harten Glieds an meinem Schoß. Sein Mund findet meinen, und in einem wilden, verschlingenden Kuss erreichen wir einen anderen Raum, ein warmes, schwach erleuchtetes Zimmer mit einem großen Bett darin, dessen Kopfteil aus einem Spiegel besteht. Mehr sehe ich in diesem Augenblick nicht, weil es mich auch gar nicht interessiert, denn Leon hat mich auf der Bettkante abgesetzt und ist gerade dabei, sich auszuziehen. Das Sakko liegt schon auf dem Boden, der Pullover fliegt hinterher. Er beugt sich hinunter, befreit sich von Schuhen und Socken und richtet sich wieder auf.

Mein Blick wandert hoch zu seiner haarlosen, muskulösen Brust, dann wieder abwärts zu seinem Gürtel, dessen Schnalle gerade geöffnet wird. Die Hose fällt zu Boden. Darunter kommt ein schwarzer Slip zum Vorschein, der nicht annähernd genügt, das riesige, steife Glied zu bedecken. Er zieht den Slip ein Stück herunter, dass sein Schaft meinem Gesicht entgegenschwingt. Mit großen Augen und trockenem Mund sehe ich zu, wie er aus seiner auf dem Boden liegenden Hose heraustritt, sie mit dem Fuß zu den anderen Sachen schiebt und einmal mit der Rechten über diesen ganz enormen Ständer gleitet.

Ich sitze einfach nur da und warte, vor Verlangen wie gelähmt. Lächelnd greift er nach meinen Füßen und hebt sie seitlich aufs Bett, sodass ich umkippe und auf dem Rücken zu liegen komme. Ich starre blicklos an die Decke, derweil er irgendwo herumkramt. Ich höre, wie eine Schublade aufgezogen und, nach einigem Klappern und Rascheln, wieder zugeschoben wird. Einen Moment lang ist es still, dann steigt er, jetzt ganz nackt, über mich hinweg, kniet sich mit dem Gesicht zu mir in die Mitte des Betts, greift nach mir und hebt mich, meine Beine gespreizt, auf seinen Schoß. Ich stöhne laut auf, als endlich seine nackte Haut auf meine trifft. Er drückt mich an sich, streichelt mein Haar, meine Schultern, meinen Rücken, während er mich so heftig und wild küsst, dass unsere Zähne gegeneinanderklirren. Meine Beine fest um seine Hüften geschlungen, spüre ich sein Glied dick und hart an meiner Furche ruhen, und unwillkürlich gerät mein Schoß in Bewegung. Meine durch die Rasur besonders empfindlichen Schamlippen, mein Kitzler, meine geöffnete Pforte, alles reibt sich an ihm. Mein Schoß zuckt verlangend, will ihn haben und hat schließlich die Spitze seines Schafts eingefangen.

In diesem Moment lösen wir uns gerade atemlos aus unserem Kuss und unsere Blicke treffen aufeinander. Einen Moment lang steht die Zeit still. Meine Seele liegt vollkommen bloß, ich habe mich ganz und gar preisgegeben, und es ist mir vollkommen egal. Es gibt nichts mehr, das ich verstecken müsste. Das hier bin ich, von allem entkleidet, von allen Ängsten und Hemmungen befreit, nur ein Körper, ein vor Gier bebender, verlangender Körper, ein Loch, das gefickt werden will.

Leons Hände halten meine Hüften gepackt, er hält noch inne, wartet, liest in meinen Augen, bevor er mein Becken plötzlich mit einem harten Ruck an sich heranzieht und mich aufspießt. Ich schreie auf, schluchze vor Lust und klammere mich wie eine Ertrinkende an seinen Hals, während er ganz ruhig bleibt, mich fest in seinen Armen hält. Er küsst mich wieder, endlos spielt seine Zunge mit meiner, sanft, zärtlich, sehr intim. Erst nach einer ganzen Weile beginnt er, mich langsam auf seinen Schenkeln zu bewegen. Er ist tief in mir, aber seine Stöße sind langsam und zart, und verlangsamen sich nochmal, als er meine wahnsinnige Erregung spürt. Doch ich habe die Schwelle zum Orgasmus bereits überschritten. Meine Knie klammern sich an seinen Hüften fest, und mein Schoß entwickelt ein Eigenleben, stößt wild vor und zurück.

»Langsam«, flüstert er, »langsam«, aber für mich gibt es kein Zurück mehr. Mein Körper folgt seinem eigenen Rhythmus. Das Blut hämmert in meinem Kopf, glühend heiß rast es durch meine Adern, und als ich schließlich explodiere, wird es schwarz vor meinen Augen. Einen Moment lang verliere ich die Besinnung, löse mich vollständig auf. Doch als ich wieder zu mir komme, ist es noch nicht vorbei. Das Pulsieren in meinem Unterleib hört überhaupt nicht mehr auf, und Leon bewegt sich ganz sacht in mir, während ich komme und komme und komme. Er hält meine Hüften, als mein Oberkörper wie ein losgelassener Wasserschlauch herumpeitscht, hält mich immer noch in den Armen, als es längst zu Ende ist, drückt meinen schwachen, zitternden Körper an seinen, bis er mich schließlich von seinem Schoß hebt und mich auf die Seite bettet. Dann legt er sich hinter mich, schiebt einen Arm unter meiner Taille durch, legt den anderen über mich, und umfängt mich so.

»Ahh, war das intensiv!«, ächze ich, und er drückt mich noch ein bisschen fester an sich, schmiegt sein Gesicht an meinen Nacken.

»Ja«, murmelt er und sein warmer Atem macht mir eine Gänsehaut am ganzen Körper.

Eine ganze Weile liegen wir so da, und ich spüre sein Glied, heiß und noch immer steinhart, an meinen Hinterbacken. Ich öffne die Beine, damit er eindringen kann. Doch er macht keine Anstalten, der Einladung zu folgen.

»Willst du nicht?«

»Was ich will, spielt keine Rolle«, flüstert er mir ins Ohr. »Es geht hier nur um dich.«

»Ich möchte aber nicht, dass du platzt.«

Ich höre das Lächeln in seiner Stimme. »Ach, das geht schon wieder vorbei. Ich bin nur zu deinem Vergnügen da; du brauchst für mich gar nichts zu tun.«

»Aber wenn ich nun will, dass du kommst?«

»Na ja, das wäre was anderes.«

Statt weiterer Worte drehe ich mich zu ihm um, schlinge ein Bein um seine Hüfte und ziehe ihn an mich, in mich hinein. Er stöhnt unterdrückt auf, packt mich und presst meinen Körper an seinen. Seine Zunge wandert über meinen Hals, aufwärts zu meinem Mund, während er mich mit seinem Gewicht halb auf den Rücken dreht. Tief bohrt er sich in mich hinein, füllt mich bis in den hintersten Winkel aus. Dann stößt er langsam, doch mit aller Kraft zu.

Sein mächtiger Schwanz und die Wucht seiner Stöße machen mich wahnsinnig.

»Soll ich mich zurückhalten?«, fragt er rau. »Meinst du, du schaffst es nochmal?«

»Weiß nicht«, keuche ich, mich gierig gegen ihn bewegend. »Das vorhin ... war doch mein erster Orgasmus überhaupt ... mit einem Mann. Ich meine ... richtig.«

»Arrgghhhh!«, stöhnt er und zieht sich fast ganz aus mir zurück. »Das hättest du jetzt besser nicht gesagt! Ich hab mir solche Mühe gegeben, den Gedanken zu verdrängen!«

»Wieso?«

»Zu erregend«, ächzt er und verlässt mich ganz. »Nein, das halt' ich jetzt nicht aus! Wenn wir weitermachen, komme ich sofort. Tut mir leid, du musst einen Moment warten.« Er löst sich von mir und wälzt sich auf den Rücken. »Hach, das ist aber auch geil!« Mit beiden

Händen fährt er sich übers Gesicht, reibt seine Wangen und streicht sich über den Kopf. Dann atmet er ein paarmal tief durch und wendet sich mir wieder zu. »Sorry, dass ich mich so schlecht unter Kontrolle habe. Sollte mir eigentlich nicht passieren.«

»Ich nehm's als Kompliment für mich«, sage ich schwer atmend. »Jemanden wie dich aus der Fassung zu bringen – das ist doch schon was!«

»Ja!«, sagt er mit Nachdruck. »Das passiert wirklich selten.«

»Und umgekehrt?«

»Was meinst du?«

»Ist es nicht oft schwierig? Ich meine, es hinzukriegen.«

»Manchmal.«

»Und was machst du dann?«

»Die Fantasie benutzen.« Er beugt sich über mich, schiebt seine Rechte zwischen meinen Beinen durch unter meinen Rücken, sodass sich sein Bizeps fest an meine nasse Muschel presst.

»Wenn das wieder mal vorkommt, werde ich vielleicht an dich und diesen Abend denken«, grinst er und küsst meinen Bauch, zieht mit der Zunge eine feuchte Spur von meinem Nabel hinunter bis zum Dreieck und wieder hinauf. Dann wühlt er sein Gesicht in meinen Bauch, drückt nach unten, auf meinen Hügel zu, sodass mir ein tiefes Stöhnen entfährt.

Automatisch gerät mein Becken in Rotation, und meine Muschel reibt sich an dem festen Muskel. Er folgt meinem Rhythmus, wiegt mich auf seinem Arm. Dann dreht er mich plötzlich mit einem Ruck auf den Bauch, schiebt meine Beine weit auseinander und kniet sich dazwischen. Er packt mein Becken, zieht es hinauf auf seine Oberschenkel. Sein Schaft pocht an meine Pforte, doch er dringt noch nicht ein, sondern reibt ihn durch meine glitschige Furche, massiert damit meine Schamlippen, meinen Kitzler, schlägt mit der Spitze leicht dagegen. Ich wimmere vor Verlangen, bitte, flehe, komme schon fast, jetzt wieder, jetzt, aber eben immer nur beinahe. Perfide hält er mich kurz davor, lässt es mich einfach nicht schaffen. Doch dann endlich ist er wieder in mir, nimmt mich von hinten mit langen, wuchtigen Stößen. Wir keuchen um die Wette, kommen schnell und beinahe zusammen, er nur Sekunden nach mir. Er bricht aufstöhnend auf meinem Rücken zusammen, umklammert meine Rippen so fest, dass mir die Luft wegbleibt. Erst eine ganze Weile später gibt er mich wieder frei und richtet sich langsam, beinahe widerwillig auf. »Vorsicht, das Gummi. Halt still«, flüstert er, bevor er sich zurückzieht. Dann steht er auf und verlässt den Raum.

Müde und zufrieden lasse ich mich flach auf den Bauch fallen, höre eine Tür klappen, das Rauschen der Klospülung, dann das Plätschern der Dusche.

Spaß durch den Draht! Null-hundertneunzig-drei-drei-eins-drei-drei-eins, drei-drei-eins-drei-drei-eins! ... Der Weg zum Glück! Ruf an! Nur einundachtzig Pfennig ... Geile Boys aus deiner Umgebung treffen sich hier auf der Line! Wähle null-hundertneunzig...

An der Schwere meiner Glieder merke ich, dass ich wohl geschlafen haben muss. Ein Arm umfängt mich, mein Kopf liegt auf nackter Haut, an einer Männerbrust. Ich schrecke hoch. Hintern und Schenkel protestieren schmerzhaft. Als ich mich benommen umblicke, sehe ich Leons lächelndes Gesicht über mir, den großen Fernseher gegenüber dem Bett, der zuvor hinter einer Schiebewand verborgen gewesen war, und sinke stöhnend wieder zurück.

»Wie spät ist es?«

»Kurz nach zwei.«

»Was? Autsch!«, fahre ich wieder hoch. »Ist nicht wahr!«

»Du hast so schön geschlafen ...«

»Ja, aber ich muss doch gehen! Ich ...«

»Keine Panik, es ist Freitagnacht, und die Kneipen haben lange auf«, unterbricht er mich beruhigend. »Falls du eine Ausrede für deinen Freund brauchst.«

»Er ist gar nicht da. Er kommt erst Sonntagabend zurück. Aber ich muss doch nach Hause.«

»Wieso?«

»*Wieso?* Na, ich kann ja wohl schlecht hierbleiben.«

»Kannst du nicht?« Er lächelt amüsiert über meine offensichtliche Verwirrung.

»Ja, theoretisch kann ich natürlich schon. Ich meine, ich habe sonst nichts vor, aber ... aber ich bin jetzt schon ewig hier ... Stunden ...«

»Sonia, die Uhr läuft nicht, falls es das ist, was dich nervös macht.« Mit hochgezogenen Brauen mustert er mich. »Das hast du doch wohl nicht geglaubt, oder?«

»Du bringst mich ganz durcheinander«, sage ich, und das ist die reine Wahrheit. »Üblich ist das doch wohl nicht.«

»Nein.«

Verwirrt sehe ich ihn an, warte auf eine Erklärung.

»Wie ich schon sagte, ich hatte einen wirklich miesen Tag. Dann kamst du, und alles war so ...« Er unterbricht sich mit einer Geste. »Es wäre einfach schön, wenn du bleiben könntest.«

»Okay«, sage ich langsam und lasse mich an seine Schulter zurücksinken. »Okay. Warum auch nicht.«

»Gut! Möchtest du was essen? Trinken? Ich kann auch was kochen, wenn du magst.«

»Muss nicht sein, aber ich hab schrecklichen Durst.«

»Sicher. Es gibt Champagner, Wein, schärfere Sachen auch. Ich kann Kaffee machen oder Tee, und es gibt Säfte und Cola ...«

»Hast du vielleicht ein Bier da?«, unterbreche ich ihn.

Er lacht, beugt sich über mich und küsst mich auf die Nasenspitze. »Klar, hab ich 'n Bier. Warte, ich bin gleich wieder da. Es dauert nur ein paar Minuten. Geh nicht weg.«

Er springt förmlich aus dem Bett und stürzt hinaus.

Ich sehe auf den Fernsehschirm, wo gerade irgendeine blöde Soap beginnt. Aber die Fernbedienung liegt in greifbarer Nähe auf dem Bett, und so fange ich an, durch die Kanäle zu zappen.

»Tatatataa!« Mit zwei Dosen Tuborg in der Linken und einer großen Schüssel in der Rechten kommt Leon wieder herein, kickt die Tür mit dem Fuß hinter sich zu und wirft mir ein Bier zu.

Ich schiele interessiert nach der Schüssel, während ich die Dose aufreiße und gierig ansetze. Er stellt sie in die

Mitte des Betts und lässt sich im Schneidersitz mir gegenüber nieder.

»Popcorn! Ich glaub's einfach nicht!«, kichere ich und verschlucke mich fast. »Es gibt aber keinen Film dazu. Hab schon geguckt.«

»Popcorn und Bier passt zu *allem*, auch zu einer gepflegten Unterhaltung, oder etwa nicht?«

»Nichts dagegen zu sagen.« Ich drücke die Glotze aus und stopfe mir eine Handvoll Popcorn in den Mund. Er hat es salzig gemacht, wie ich es am liebsten mag. »Gut!«, kaue ich und stelle fest, dass ich doch einen Bärenhunger habe. Er offenbar auch, denn er schlingt genauso hastig wie ich, und so beschränkt sich unsere Konversation erst mal auf wohlige Brumm- und andere Laute.

»Was war denn los bei dir heute?«, fange ich an, als wir uns satt gegessen und die Schüssel beiseite gestellt haben. »Ich meine, gestern. Was Schlimmes passiert?«

»Willst du das wirklich wissen?« Er sieht mich direkt an. »Oder fragst du jetzt nur aus Höflichkeit. Das musst du nicht.« Sein Gesicht verschließt sich kaum merklich.

»Wenn du nicht darüber reden willst ... Ich war nur neugierig.«

»Ach, eigentlich ist es nichts Besonderes – jedenfalls, nichts, was ich nicht schon x-mal erlebt hätte.« Er sieht an mir vorbei ins Leere. »Ich hab ja im Grunde gewusst, dass es nicht funktionieren kann, das tut es nie. Aber manchmal denkt man eben doch ...« Er bricht mit einer vagen Geste ab und schaut deprimiert vor sich hin. »Wir haben uns schon vor einer Weile getrennt, aber als sie dann gestern anrief, dachte ich ... Na ja, war wohl nichts.« Er spielt nervös am Aufreißring der Bierdose, dann zuckt er plötzlich heftig die Schultern, als wollte er seine Gefühle abschütteln. »Ist ja keine neue Erfahrung für mich. Sie hat's lange mit mir ausgehalten, fast zwei Jahre. Das ist länger, als es irgendeine andere geschafft hat.«

»Tja, bei deinem Job ... Wie soll man das auch aushalten? Wenn du mit den Kundinnen bloß 'ne schnelle Nummer abziehen würdest, dann ging's ja vielleicht, aber so ...«

»Schnelle Nummern können die Frauen jederzeit auch umsonst kriegen. Dafür müssen sie nicht zu mir kommen.«

»Aber warum hörst du denn nicht auf? Du hast doch gesagt, dass du auf das Geld nicht mehr angewiesen bist.«

»Jetzt fängst du auch noch an!« Er verdreht die Augen. »Warum versteht ihr denn nicht, dass das mein Talent ist? Ich habe keine andere Begabung. Es ist das einzige, was ich kann, worin ich wirklich gut bin. Ich liebe diese Arbeit. Ich will nichts anderes machen.«

»Du wolltest nie aussteigen?«, frage ich ungläubig.

»Nicht ernsthaft. Als ich dreißig wurde, habe ich mal für fünf Minuten die Panik gekriegt und mir vorgenommen, wenigstens mein Studium fertigzumachen. Aber der Anfall ging schnell vorbei, als ich mir vorstellte, wie das dann weitergehen würde, und außerdem ...« Er hält inne, sieht mich ernst an. »Wenn du mit mir zusammen wärst – nur mal so angenommen – und wir hätten eine wirklich fantastische Beziehung. Wir würden uns in allem verstehen, wir könnten über alles reden, und es wäre einfach immer wunderbar. Nur gehe ich nicht morgens ins Büro, sondern ich mache eben diese Arbeit. Ich verdiene in wenigen Stunden einen Haufen Geld damit, und wir könnten es zusammen ausgeben und unseren Spaß haben, uns ein gutes Leben machen, glücklich sein. Das könntest du nicht ertragen?«

»Nicht einen einzigen Tag«, sage ich aus tiefster Überzeugung. »Es ist die Eifersucht. Ich könnte es nicht aushalten, dass du diese Intimität auch mit anderen hast.«

»Aber das ist doch keine echte Intimität. Es ist eine einseitige Sache. Wieso begreift ihr denn den Unterschied nicht? Ich versuche das zu sein, was eine Kundin sich vorstellt. Ich spiele eine Rolle. Eine Kundin bekommt nicht mich, wie ich wirklich bin, sondern sie bekommt eine Gestalt aus ihren Fantasien.«

Ja, sicher. Natürlich. Er hat auch eben nur eine Rolle abgeliefert. Gut, dass er mir die Art unserer Beziehung mal wieder vor Augen geführt hat. Über alledem hatte ich schon wieder ganz vergessen, was ich bin: ein Geschäft, nur ein Geschäft. Schön, ich habe das vorher gewusst und es akzeptiert. Ich habe keinen Grund verletzt zu sein. Trotzdem bin ich es.

»Was soll ich dazu sagen? Willst du die harte Wahrheit hören oder lieber 'ne freundliche Lüge?«

»Die Wahrheit natürlich!«

»Dann denk' noch mal drüber nach, was du eben gesagt hast: Die Kundin kriegt den perfekten Fantasiemann und deine Freundin den Mann, wie er wirklich ist.«

»Und?«

»Und! Kriegt da nicht die Kundin den besseren Teil?«

»Das *ist* hart.«

Ja, das war meine Rache!

»Aber stimmt es nicht? Also, ich kann schon verstehen, dass da eine Eifersucht aufkommt, die einfach unerträglich ist.«

»Also mich wundert schon, dass ausgerechnet du das sagst, wo in deiner Beziehung Sex doch kaum eine Rolle spielt. Liebe ist mehr als nur das Bett, das müsstest du doch am besten wissen. Man verbringt Zeit zusammen, geht aus, trifft Freunde, unternimmt was oder macht es sich zu Hause schön, ist einfach gern in der Nähe des anderen. Und man ist füreinander da, kann sich aufeinander verlassen und so weiter, das sind doch auch alles Werte, oder nicht?«

»Natürlich, aber ...«

»Moment noch. Wenn du ganz sicher sein könntest, dass ich dich nie verlasse – nehmen wir mal an, es gäbe so was wie einen magischen Schwur, dass mich auf der Stelle der Blitz trifft, wenn ich weggehe – also, wenn du diese Sicherheit hättest, dass ich immer bei dir bleibe, egal was passiert – würde das was ändern?«

Ich schüttle den Kopf. »Nein, weil es nicht um das Verlassenwerden geht.«

»Worum dann?«

»Vielleicht einfach um Neid? Die Vorstellung, dass gerade eine andere Frau ein ganz intensives Erlebnis mit dir hat, das ich vielleicht gerne selbst hätte.«

Er blickt mich mit fassungslosem Erstaunen an. »Du denkst, dass ich dich verhungern lassen würde? Dass du zu kurz kämst? Du hast ja keine Ahnung, wie ich bin, wenn ich jemanden liebe!«

»Na ja, das weiß ich natürlich nicht«, gebe ich zu. »Aber wenn das für deine Geliebten wirklich so toll gewesen wäre: Warum ist dann keine bei dir geblieben?«

»Du verstehst dich sehr gut darauf, immer genau in die Weichteile zu treten, was?«, grinst er schief.

»Du wolltest ja meine Meinung hören. Ich glaube, du hast keine Ahnung, was Eifersucht ist. Soll ich dir was sagen? Als wir telefoniert haben – und da hatte ich dich noch nicht mal gesehen – da hat es schon einen Moment gegeben, in dem ich eifersüchtig war auf all die anderen Frauen, mit denen du so geredet hast wie mit mir.«

»Wirklich?«

»Ja. Zu wissen, dass man eine Person unter vielen ist, ist doch nie angenehm. Da hat man das Gefühl, bedeutungslos zu sein. Das hat mit Bindung, Angst vorm Verlassenwerden und so erst mal gar nichts zu tun. Jeder möchte doch etwas Besonderes sein, herausgehoben, bevorzugt werden.«

Er zieht amüsiert die Augenbrauen hoch. »Und habe ich das bei dir nicht gerade getan? Oder glaubst du, ich lade viele Frauen zum Bleiben ein?«

»Woher soll ich das wissen? Außerdem heißt das ja noch nichts. Du warst deprimiert und wolltest nicht alleine sein.«

»Ja, da ist schon was dran, aber ich hätte dich trotzdem nicht darum gebeten, wenn du nicht was Besonderes wärst. Schon als ich dich am Telefon hatte, deine kleine ängstliche Stimme, und dann wiederum dieser Mut, mit dem du da rangegangen bist und dich so darauf eingelassen hast ... Ich geb ja zu, dass ich schon immer viel Spaß daran hatte, Frauen einzuführen, ihnen die ersten tollen Erlebnisse, den ersten Orgasmus zu verschaffen. Aber dass ich vorhin die Beherrschung verloren habe, lag nicht nur daran, sondern an dem Ganzen. An dir.«

»Was willst du damit sagen?«

»Ich weiß nicht genau. Ich steige schon immer voll in meine Rolle ein, das muss so sein, wenn es funktionieren soll. Man ruft bestimmte Gefühle in sich wach, um die Sache überzeugend rüberzubringen, aber man tut das kontrolliert, behält einen Rest von Distanz – ist schwer zu erklären. Jedenfalls war dieser Abstand auf einmal weg. Ich rede mit dir über ganz persönliche Dinge, und so was tue ich sonst nie.«

»Und das würdest du auch jetzt nicht tun, wenn es jemanden in deinem Leben gäbe, stimmt's? Dann hättest du mich längst rausgeworfen.«

Er lacht. »Was für eine Falle! Sage ich ja, wirfst du mir vor, dass ich dich angelogen habe, von wegen, du wärst was Besonderes. Sage ich nein, würdest du mir nie glauben, dass auch ein Callboy treu sein kann.«

»Du meinst loyal, zuverlässig – das glaube ich dir sogar. Aber es ist doch so: Selbst wenn du deiner Partnerin nicht weniger gibst als einer Kundin, dich genauso auf sie einstellst, all ihre Fantasien wahr machst und so weiter, ist aber mehr nicht drin. Ich meine, intensiver, als es zum Beispiel eben war, kann es doch nicht sein. Wodurch willst du deine Partnerin also hervorheben? Was kannst du ihr geben, was die anderen Frauen nicht kriegen? Vor der Glotze hocken, deine schlechte Laune ertragen, Fußnägelschneiden am Küchentisch, um es mal drastisch zu sagen? Das ist doch ein Mehr, auf das wohl jede Frau gut verzichten kann.«

»Eine Lektion in knallhartem Realismus! Leuten wie mir sagt man ja immer nach, sie hätten eine materialistische Einstellung zu Liebe und Sex, aber gegen dich bin ich ja ein Waisenknabe!«

Er nimmt einen Schluck Bier, sieht mich dann forschend an. »Du blockst mich ab, nicht? Irgendwas läuft zwischen uns, aber du willst nichts davon wissen.«

»Kann schon sein. Was erwartest du denn?« Ich wende mich ab. »Für mich ist es praktisch unmöglich, von all dem nicht beeindruckt zu sein, aber du ...«

»Ahhh!«, fährt er mir dazwischen. »Dass ich auch beeindruckt sein könnte, glaubst du also nicht!«

»Ach, hör doch auf! Du willst mir doch jetzt nicht erzählen, dass du dich spontan in mich verknallt hast!«

»Und wenn doch?«, lächelt er. »Jetzt bringe ich dich ganz schön ins Schleudern, was? Und ich weiß auch schon, was du gleich sagen wirst: dass es keine Rolle spielt, weil es sowieso keine Zukunft hätte, und dass du doch nicht so verrückt wärst, dich mit einem Mann einzulassen, der dich zwar genial fickt, aber dann loszieht, um es anderen Frauen für Geld genauso gut zu besorgen, während du in der Küche über seinen Fußnagelabschnitten heulst. Aber ich will dir mal was sagen: Ich könnte dich dazu bringen, dass du die anderen Frauen aushältst.«

»Das glaubst du doch selbst nicht! Nie im Leben!«

»O doch! Das wäre sogar ziemlich leicht.«

»Nein, denn sonst hättest du ja deine Freundin auch dazu bringen können.«

»Hätte ich sicher, wenn sie so gestrickt gewesen wäre wie du. War sie aber nicht. Du konkurrierst gerne. Zweitens muss man es dir schwer machen. Wenn ich dir sage, dass du was Besonderes bist, tust du es einfach ab. Aber wenn du dir diesen Satz erst verdienen musst, erregt es dich. Wenn man dich mit Zuneigung und Zärtlichkeit überschüttet, lässt dich das kalt, aber darum zu kämpfen, dich anstrengen zu müssen, das macht dich richtig scharf. Ich brauche bloß diesen Mechanismus benutzen, und ich könnte dich dazu bringen, noch viel Schlimmeres zu ertragen, als bloß meinen Job.«

»Als wenn das funktionieren würde! Jetzt, wo du mir den Plan verraten hast!«

Er lächelt nachsichtig. »Es würde funktionieren, glaub mir.« Er springt aus dem Bett. »Komm, ich will dir was zeigen.« Er greift nach meiner Hand, zieht mich vom Bett herunter, hinter sich her in das angrenzende Ankleidezimmer. Er dreht mich an den Schultern, bis ich mit dem Rücken zu einem großen Spiegel stehe. »Sieh dir deine Rückseite an«, fordert er mich auf.

Ich verrenke meinen Hals, schaue über meine Schulter – und ziehe entsetzt die Luft ein, angesichts der zahllosen dunkelroten Striemen, mit denen mein Hintern und meine Schenkel übersät sind.

»Ich habe dich fast eine halbe Stunde so durchs Zimmer getrieben. Du warst außer dir vor Schmerz, aber du hast nicht gesagt, dass ich aufhören soll.« Er ergreift mein Gesicht mit beiden Händen und dreht es zu sich um. »Da steckt eine Frau in dir, die sinnlich und voller Verlangen ist, aber diese Frau kann nicht so einfach rauskommen und tun, was sie will. Da ist ein anderer

Teil, der sie umschließt, sie schützt, aber auch wie in ein Korsett einschnürt. Du verachtest dich selbst, wenn du das Korsett trägst, du willst nicht so sein, aber du kannst dich nicht allein daraus befreien. Du brauchst jemanden, der die Schnüre aufmacht.« Er streichelt mein Haar und küsst mich sanft. »Sonia, als ich sagte, dass du überhaupt nicht der Typ von Frau bist, auf den ich stehe – das war nur im Spiel. Tatsächlich mag ich Frauen, die man erst auspacken muss. Und als ich dich so entblößt habe ... Du hast mir so viel Macht gegeben! Hast mich so mit deinen Gefühlen spielen lassen! Ab einem gewissen Zeitpunkt hätte ich alles mit dir tun, Gottweißwas von dir verlangen können, und du hättest es getan.«

Er lächelt zärtlich-amüsiert. »Jetzt brennt dir der Arsch, aber würde ich es von dir verlangen, würdest du auf der Stelle dieselbe Tracht nochmal durchstehen, ist es nicht so? Siehst du, ich brauche es nur auszusprechen, und schon wirst du wieder geil. Ich sehe es in deinen Augen, und ich müsste gar nicht dahin fassen«, er packt meinen Hügel und entlockt mir ein Stöhnen, »um es zu überprüfen, aber ich will, dass dir bewusst wird, dass du schon wieder triefst, obwohl ich nur ein paar Worte in einem bestimmten Ton gesagt habe. Und das, obwohl du schon zweimal gekommen bist. Glaubst du jetzt, dass ich dich dazu bringen könnte, die anderen Frauen zu ertragen? Ich würde dich dazu zwingen, mir bei einem romantischen Szenario mit einer anderen zuzusehen, und du würdest mit anhören müssen, wenn ich ihr sage, wie wahnsinnig ich sie liebe und begehre, zusehen, wie ich sie zärtlich nehme, und es würde dir wehtun, weil ich es dir nämlich nie sage, wenigstens nicht einfach so, sondern erst, wenn du es verdient hast, wenn du mir einen Grund gibst, stolz auf dich zu sein, indem du es zum Beispiel schaffst, so ein Szenario auszuhalten, und zwar nicht einfach nur so, sondern mit einem Lächeln. Und du wirst das schaffen, weil du im Inneren weißt, dass das, was ich mit dieser anderen Frau tue, im Grunde nichts wert ist, eine Illusion, oberflächliche Lüge, während das zwischen uns echt ist und voller Intensität, und dass die Belohnung, die danach auf dich wartet, so köstlich sein wird, dass sie dich für alles entschädigt.«

Seine Finger schlüpfen zwischen meine Schenkel, machen sich dort zu schaffen, und mit der anderen Hand greift er fest in mein Haar, fixiert so meinen Kopf und streift mit seinen Lippen über meine, durchbohrt mich mit seinem Blick, bis ich es nicht mehr aushalte und die Augen schließe, mich gleichermaßen vor ihm und dieser Wahrheit verschließe.

Doch er lässt mich nicht auskommen, zwingt mich zu gestehen, dass er mit jedem Wort recht hat, dass ich schon wieder geil bin, dass mich die Vorstellung, ihm so zu gehören, wahnsinnig erregt, dass ich alles tun würde, dass er alles von mir verlangen könnte.

»Da siehst du, dass es funktioniert, obwohl du es durchschaust. Du hast mir ja sogar selbst gesagt, dass es so bei dir läuft. Was glaubst du, was ich erst alles mit dir anstellen könnte, wenn ich ein paar Tricks aus meiner eigenen Kiste hole? Tricks, die du nicht so schnell durchschaust? Nicht, dass ich das jetzt vorhabe«, sagt er und gibt mich frei. »Komm, lass uns zurück ins Bett gehen.«

Er setzt sich in Bewegung, und ich folge ihm, gedemütigt, nass und zu allem bereit.

Wieder im Schlafzimmer legt er sich aufs Bett und zieht mich auf sich, in seine Arme. »Mit deinem Freund, das klappt doch nicht, nicht auf lange Sicht. Also, was willst du machen? Dich in der Szene umsehen? Alle dominanten Typen werden hinter dir her sein, allein schon wegen deines Aussehens, und sie werden dich schrecklich verletzen, weil du so leicht zu manipulieren bist. Wenn du meinst, dass du diese Erfahrung machen musst, bitte. Ist ja deine Entscheidung, wie du dein Leben einrichtest.«

Ein tonloses »Aha« ist alles, was ich gerade noch so herausquetschen kann. Nichts davon war ernst gemeint. Ich befreie mich aus seinen Armen und lasse mich von ihm herunter auf den Rücken rollen.

»Ahhh, jetzt bist du enttäuscht, nicht?« Mir zugewandt, den Kopf auf seinen angewinkelten Arm gestützt, beobachtet er mich mit nachsichtigem Lächeln. »Aber als ich angedeutet habe, dass etwas zwischen uns ist und ich offen dafür wäre, hast du das nicht hören wollen.«

»Hör auf, so mit mir zu spielen«, flüstere ich und drehe mich von ihm weg. »Das ist zu viel für mich. Willst du was von mir? Oder nicht? Ich weiß nichts mehr, gar nichts.«

»Gut, ich sag dir, was ich will. Ich bin fast vierzig, und ich will jemanden, der dableibt. Es ist mir wichtig, und ich würde eine ganze Menge dafür tun, viele Kompromisse eingehen, außer diesem einen: Ich behalte meinen Job. Ich bin bereit, für eine Frau zu sorgen: finanziell, emotional, sexuell, in jeder Weise, so gut ich kann. Du könntest diese Frau sein. Vielleicht auch nicht. Es ist nur eine Möglichkeit.«

»Ach, hör auf! Bist du so verzweifelt, dass du die Erstbeste nehmen willst, die hier zufällig reinschneit?«

»Ob ich dich will, ist ja noch gar nicht raus. Dazu kenne ich dich noch nicht gut genug.« Er dreht mich sanft zu sich um. »Aber ich verschließe mich nicht von vornherein dem, was vielleicht entstehen könnte. Ich meine, vorhin ... da waren doch wirkliche Gefühle zwischen uns, oder bilde ich mir das bloß ein?«

»Woher soll ich denn wissen, was du wirklich gefühlt und was du vorgegeben hast?«

»Aber du selbst ... du hast mich manchmal so angesehen ...« Er lässt sich wieder auf den Rücken fallen. »Na ja, war vielleicht doch bloß Geilheit.«

»Nein. Oder doch, ja. Das Sexuelle stand natürlich schon im Vordergrund, aber dadurch ausgelöst ... Ich meine, wie soll man das trennen? Du hast Punkte in mir berührt, die niemand sonst ... Ich hätte nie gedacht, dass es so sein würde. Aber irgendwo im Kopf wusste ich ja, dass es eben nicht echt sein kann ... obwohl es sich aber manchmal so anfühlte ... Ach, ich weiß auch nicht.«

»Du hast recht: Das ist zu viel auf einmal.« Er zieht mich in seine Arme, drückt meinen Kopf an seine Schulter. »Vielleicht sollten wir erst mal ein bisschen schlafen.«

Ich erwache dadurch, dass jemand meinen Nacken und meine Schultern küsst. Leon umschlingt mich fest von hinten, und sein Glied regt sich an meiner Kehrseite.

Feine Streifen hellen Sonnenlichts fallen durch die Jalousien vor den Fenstern. Mir ist heiß. Ich bin es nicht gewöhnt, nackt zu schlafen, schon gar nicht in den Armen eines Mannes. Egbert hält immer Abstand und liegt abgewandt von mir an der Außenkante des Betts. Wie weit weg mir das alles vorkommt!

»Sonia?«, fragt Leon leise. »Bist du wach?«

»Hm.«

»Ich muss aufstehen.« Er küsst mich auf die Schulter. »Möchtest du Frühstück?«

»Nur Kaffee.«

»Okay.« Er lässt mich los, steht auf, und obwohl mir eben noch viel zu warm war, friere ich plötzlich durch den Verlust seiner Nähe.

»Hast du gut geschlafen?«, fragt er, als er mit einem Tablett mit zwei Kaffeebechern, Milch, Zucker und einem Löffel wieder zurückkommt. Er nimmt seinen Kaffee schwarz, ich gieße mir Milch hinein.

»Tief und fest. Und du?«

»Sehr gut. Es war schön, mit dir im Arm aufzuwachen.«

»Hab ich gemerkt«, grinse ich.

»Das auch! Aber so war's eigentlich nicht gemeint. Ist lange her, dass ich das hatte. Katharina war nicht so für Nähe.«

»Mein Freund auch nicht. Er liegt immer am äußeren Rand, möglichst weit weg von mir.«

Leon nickt, und einen Moment lang schauen wir uns in voller Übereinstimmung unserer Gedanken an. Dann löst er den Blick, sieht zum Fenster hinüber, auf die Bettdecke. »Hör zu, Sonia, ich muss gleich weg. Es wird ein paar Stunden dauern. Könntest du noch hier sein, wenn ich zurückkomme?« Jetzt sieht er mir wieder direkt in die Augen. »Bitte.«

»Du hast ... eine Verabredung?«

»Einen Job, ja.«

»Kannst du nicht absagen?«

»Ich dachte, das hätten wir geklärt.«

»Das ist keine Antwort.«

»Die Antwort ist nein. Ich dachte, du hättest das verstanden.«

»Es hätte sich ja was geändert haben können«, sage ich tief enttäuscht. »Angeblich läuft zwischen uns ja was Besonderes.«

»Lass diesen Ton«, weist er mich kalt und scharf zurecht. »Ich habe dir von Anfang an gesagt, wie die Dinge stehen.« Und dann weicher: »Es ist die einzige Bedingung, die ich stelle, Sonia. Es ist wirklich die einzige.«

Kopfschüttelnd wende ich mich ab. »Man kann seinen Gefühlen eben nicht trauen. Ich war so sicher, dass du jetzt viel lieber hier sein würdest. Mit mir.«

»Wer sagt, dass es nicht so ist?«, ruft er aus. Das hat damit überhaupt nichts zu tun. Natürlich würde ich viel lieber in aller Ruhe mit dir den Tag beginnen, einkaufen gehen oder spazieren, ins Museum oder ins Fitnesscenter, was du eben gerne unternehmen möchtest, dann vielleicht irgendwo schön zu Mittag essen, einfach mit dir zusammen sein, dich besser kennenlernen, dir näherkommen, wieder Sex mit dir machen ...«

»Aber dann sag doch ab!«

»Sonia, wenn du heute Morgen einen schon lange vereinbarten Termin mit einem Kunden hättest, würdest du auch hingehen.«

»Würde ich nicht!«, brause ich auf, und gebe gleich darauf zu: »Na ja, doch, vielleicht schon, aber das ist ja wohl nicht dasselbe.«

»Es ist nur ein Job, Sonia.«

»Wenn du noch mit deiner Freundin zusammen gewesen wärst, als wir uns verabredet haben, hättest du ihr sicher auch gesagt, dass das mit mir bloß ein Job ist.«

»Dann wärst du auch nicht mehr als ein Job gewesen. Ich hätte gar nicht erst zugelassen, dass sich zwischen dir und mir irgendwas entwickelt. Ich bin nur dafür offen gewesen, weil ich allein bin.«

»Du denkst, du hast alles unter Kontrolle, was?«

»Ja«, lächelt er. »Ich habe mich unter Kontrolle. Aber du mich nicht. Du musst mir einfach vertrauen.«

»Aber du kannst nicht im Voraus wissen, was passiert. Niemand kann das. Und schließlich bist du ja noch immer ... frei.«

»Nicht, wenn ich wüsste, dass du nachher noch da bist. Wirst du da sein, Sonia?«

Wortlos starre ich auf die Bettdecke.

»Ich muss mich jetzt fertigmachen.«

Er steht auf, wartet noch einen Moment auf eine Antwort, aber ich kann nichts sagen, fühle mich leer und von mir selbst abgetrennt. Dann verlässt er ohne ein weiteres Wort den Raum.

Ich sitze immer noch so da, die leere Kaffeetasse in der Hand, als er im Bademantel und mit nassen Haaren wieder hereinkommt. Er verschwindet für eine Weile im Ankleidezimmer. Dann betritt er den Raum wieder in einem ähnlichen Outfit wie gestern, und er sieht so verdammt gut aus, dass mir der Anblick wehtut. Er hat diese Sachen für eine andere an.

»Ich gehe jetzt«, kündigt er an, aber er geht dann doch nicht gleich, sondern setzt sich zu mir aufs Bett. »Auf jeden Fall war es schön, dich kennenzulernen. Wenn du hierbleibst, fühl dich wie zu Hause. Du kannst alles benutzen. Nimm dir einfach, was du brauchst. Nur von dem Schrank lass bitte die Finger, da sind Gästesachen drin.« Er deutet auf die rechte Seite der dreiteiligen, raumhohen, schwarzen Lack-Schiebewand, die die ganze Breite des Zimmers ausfüllt. »Falls du aber doch gehst, wirf einfach die Tür hinter dir zu. Und ruf mich an. Okay?«

Ich nicke nur und meide weiterhin seinen Blick, den ich forschend auf mir ruhen spüre. Eigentlich erwarte ich, dass er sich mein stummes Ausweichen nicht gefallen lässt, dass er irgendwas tut, mich wenigstens zwingt, ihn anzusehen, aber da kommt nichts. Er steht einfach auf und geht hinaus. Ich höre die Wohnungstür ins Schloss fallen.

Hätte er wirklich gewollt, dass ich bleibe, hätte er sich mehr Mühe gegeben, mich zu überreden, denke ich und rolle mich traurig auf dem Bett zusammen. Schließlich hat er mir gestern deutlich genug demonstriert, dass er mich dazu bringen kann, wenn er will. Aber er wollte es eben nicht richtig. Es war nur eine Art Angebot. Eine Möglichkeit. Und für ihn gibt es bestimmt noch eine Menge anderer Möglichkeiten. Er kann bloß nicht alleine sein. Wer sagt schon einer Frau, die er kaum kennt, gleich so was? Es könnte jede sein, Hauptsache, sie bleibt da. Das hat mit mir als Person überhaupt nichts zu tun.

Aber das ist auch egal, denn ich will das alles ja sowieso gar nicht. Ich bin hergekommen, um meine Lust auszuprobieren, eine neue Erfahrung zu machen, und das habe ich getan. Ein besseres erstes Mal hätte ich sicher nicht haben können. Na schön, es waren ein paar Gefühle im Spiel, aber doch nur flüchtige, aus der Erregung entstandene. Diese ganze Nacht war wie ein sinnlicher Traum, aufregend, lustvoll, von einer unglaublichen Intensität, aber eben doch ganz und gar unrealistisch. Zeit, in die Wirklichkeit zurückzukehren.

Ich springe entschlossen auf und gehe ins Bad. Doch von einer inneren Unruhe getrieben, spritze ich mir nur ein bisschen Wasser ins Gesicht und beschließe, zu Hause zu duschen. Als ich ins Schlafzimmer zurückkehre, um mich anzuziehen, fällt mir ein, dass ich nur den Trench anhatte, als ich kam. Der müsste noch im Wohnzimmer auf dem Boden liegen. Doch als ich nachsehe, finde ich ihn dort nicht. Er liegt auch sonst nirgendwo im Zimmer herum. Meine Pumps sind ebenfalls verschwunden. Ich schaue im Flur nach, aber an der Garderobe hängt nur ein einsamer Schal. Wahrscheinlich hat Leon aufgeräumt, während ich schlief. Vielleicht im Ankleidezimmer? Suchend blicke ich mich dort um, mustere die Anzüge, die Hosen, die Sakkos, die, sorgfältig nach Material und Farben geordnet, an der Stange hängen, links die leichten Sachen, rechts die wärmeren, und dort sind auch die Mäntel. Da hängt ein Trench, aber es ist nicht meiner.

Durchs Bad kehre ich wieder in den Flur zurück. Dort gibt es weiter hinten noch zwei Türen. Eine führt in die überraschend große Küche, in der links ein großer runder Tisch steht, an dem zwölf Personen essen können. Abgesehen von der Kaffeemaschine ist die Küche so aufgeräumt, dass sie völlig unbenutzt wirkt. Als ich den Kühlschrank öffne, findet sich darin aber jede Menge Zeug, das sich nur gekocht genießen lässt. Ich mache den Kühlschrank wieder zu und verlasse die Küche. Hinter der anderen Tür im Flur befindet sich ein zweites, eher privates Wohnzimmer, das fast noch größer ist, als das vordere. Es ist ein behaglicher Raum mit einer großen Regalwand voller Bücher, einem Lesesessel, einer braunen Ledersitzgruppe, Teppichen, Bildern, einem Schreibtisch, auf dem ein Notebook steht, daneben ein kleiner Drucker. Der Schreibtisch hat Schubladen an beiden Seiten. Kein Aufbewahrungsort für einen Mantel, aber ich schaue trotzdem nach. Nichts. Nur Sachen, die man üblicherweise in einem Schreibtisch erwartet: Papier, Speichermedien, Stifte, Klebstoff, Umschläge, Postkarten und so weiter. Allerdings keine persönlichen Papiere. Die befinden sich wahrscheinlich in der breiten Schublade unter der Tischplatte, die verschlossen ist.

Jetzt bleibt nur noch die dreiteilige Schiebewand im Schlafzimmer. Der Mittelteil steht noch offen. Fernseher, Videorekorder und Musikanlage. Die Fächer darüber und darunter sind mit CDs und Videobändern vollgestopft. Die rechte Seite ist für mich tabu, erinnere ich mich. Also ziehe ich an dem eingelassenen Griff an dem linken Wandteil, und die Platte lässt sich nach rechts wegschieben. Es war die, die eigentlich den Mittelteil verdecken soll. Dahinter befindet sich noch eine weitere Platte, die sich auf die gleiche Weise nach rechts verschieben lässt. Ich sehe viele Regalfächer, gefüllt mit allem möglichen Krimskrams: Kamera, Fotoalben, Diakästen, Schachfiguren, zwei Vasen, einen großen Stoffhasen vom Jahrmarkt, Verlängerungskabel, Mehrfachstecker, der übliche Mist, den man ja irgendwo lassen muss. Von meinem Mantel jedenfalls keine Spur. Also dann doch rechts. Streng genommen gehört mein Mantel ja zu den Gästesachen. Ja, bestimmt hat er ihn dort hineingehängt und es anschließend vergessen. Sonst habe ich ja auch überall nachgesehen. Er muss da drin sein. Was kann es schon schaden, schnell nachzusehen? Ich werde nichts von dem anderen Zeug anrühren. Nicht mal richtig hingucken. Und er wird es ja gar nicht erfahren. Wenn er zurückkommt, bin ich längst weg.

Ich muss meinen Mantel haben, schließlich ist alles darin: Schlüssel, Ausweis, Kreditkarte ... Ach ja, ich habe noch gar nicht bezahlt! Ob er mein Geld nicht will, nachdem sich die Dinge so entwickelt haben? Egal, ich kann ihm ja noch die Nummer aufschreiben. Aber erst mal muss ich meinen Kram haben. Ich öffne die Tür. Ein großer Stauraum befindet sich rechts. Dort stehen Stöcke, sind Peitschen, Gerten und andere Utensilien an Haken befestigt. Auf Bügeln hängen ein paar Frauenkleider, ein rotes und ein nachtblaues Abendkleid, ein geblümter Sommerrock mit einer hellen Bluse, ein graues Kostüm und ein paillettenbesetztes, schwarzes Cocktailkleid. Links befinden sich Fächer mit Masken, Tüchern, Sachen aus Leder und Metall, Seile in verschiedenen Stärken. Meinen Trench sehe ich nirgendwo, und die Schubladen unter den Fächern sind viel zu klein, als dass er hineinpassen würde. Was jetzt?

Ich durchsuche noch einmal akribisch alle Räume, öffne sogar in der Küche alle Schränke. Umsonst.

Grübelnd kehre ich ins Schlafzimmer zurück und setze mich auf die Bettkante. Es bleibt keine andere Möglichkeit: Er muss mein Zeug mitgenommen haben!

Wirf einfach die Tür hinter dir zu, und ruf mich an – sehr komisch, wirklich sehr, sehr komisch! Glaubt er, dass er mich so aufhalten kann? Nein, ich ziehe was von seinen Sachen an, egal, wie das aussieht. Ein kleines Bargeldproblem gibt es noch, weil der Schlüsseldienst mir erst die Tür öffnen muss, bevor ich das Taxi bezahlen kann, aber das wird sich schon irgendwie lösen lassen. Notfalls gehe ich eben zu Fuß. Wahrscheinlich findet sich sogar hier noch etwas Kleingeld, wenigstens genug fürs Taxi. Im Schreibtisch vielleicht oder in den kleinen Schubladen im verbotenen Schrank. Sehen wir doch gleich mal nach.

Ich ziehe eine Schublade nach der anderen auf, finde Kleenex, Tampons, Binden, Cremes, Kondome, Gleitmittel, Dildos, Vibratoren, allerlei medizinisches Zeug in steriler Verpackung, verschiedene Sorten Pillen, Verbände, Pflaster, einen Irrigator, Scheren und Messer in verschiedenen Größen, Rasierklingen, Metallkleinteile wie Nägel, Schrauben, Vorhängeschlösser, Karabinerhaken, eine Rolle Kordel und mehrere Rollen farbloses Paketklebeband, braune Apothekenflaschen mit Alkohol, und was sich in der letzten Schublade befindet, kann ich noch nicht sehen, weil obenauf ein Umschlag liegt, auf dem »Sonia« steht.

Vor Schreck zucke ich zusammen. Ich spüre, wie mein Kopf hochrot wird, als hätte Leon mich gerade höchstpersönlich beim Herumstöbern überrascht. In dem Umschlag befindet sich ein handgeschriebener Brief:

Liebe Sonia,

ich bin sicher, dass Du nicht aus bloßer Neugier an den Schrank gegangen bist, den Du nicht anrühren solltest, sondern weil Du Deine Sachen vermisst. Nun, ich habe sie mitgenommen. Hast Du wirklich geglaubt, ich würde Dich so einfach gehen lassen?
Wahrscheinlich hast Du bereits einen Plan, wie Du nach Hause und in Deine Wohnung kommen kannst. Vergiss ihn wieder, denn Deine Sachen sind bei mir in sicheren Händen, und ich werde sie Dir selbstverständlich wieder mitbringen, wenn ich mich in Deiner Wohnung ebenso gründlich umgesehen habe, wie Du Dich gerade in meiner. Was? Das passt Dir nicht? Tja, ich freue mich auch nicht darüber, dass Du Dich nicht mal an das eine einzige Verbot halten konntest. Schätze, damit sind wir quitt.
Fragst Du Dich, woher ich wissen konnte, dass Du herumschnüffeln würdest? Na ja, ganz sicher war ich mir natürlich nicht. Ich gebe zu, dass ich die winzige Hoffnung hatte, Du würdest einfach bleiben, vielleicht noch ein wenig schlafen, ein Bad nehmen, etwas essen und auf meine Rückkehr warten. Andererseits habe ich mir auch gleich gesagt, dass das ein ganz unrealistischer Wunsch wäre. Ich hatte ja nur ein paar Stunden, um dich zu beeindrucken, und dass das angesichts des Problems, das Du mit meinem Job hast, nicht reichen würde, war zu erwarten. Aber ich möchte Dich beeindrucken. Ich möchte Dich so sehr beeindrucken, dass Lust und Verlangen Dich zwingen, bei mir zu bleiben, obwohl Dein Verstand Dir das Gegenteil befiehlt. dass es für mich um so reizvoller ist, je mehr Du mit den widerstreitenden Gefühlen in Dir kämpfen musst, brauche ich Dir wohl nicht mehr zu sagen. Ein bisschen kennst Du mich ja nun auch schon. Nein, während ich Dir diesen Brief schrieb, wusste ich noch nicht, was Du tun, wie Du

reagieren würdest. Aber in diesem Moment weiß ich es, weil die ganze Wohnung videoüberwacht ist und ich Dich über den Monitor im Keller beobachte. Ja, ich sitze dort unten und schaue Dir zu. Die ganze Zeit schon. Stimmt, ich habe Dich beschwindelt. Ich habe keinen Job heute Morgen. Ich bin das ganze Wochenende frei und kann mich voll und ganz der Aufgabe widmen, Dich mir hörig zu machen. Freust Du Dich? Oder bist Du empört, weil ich Dir etwas vorgemacht habe, wieder mit Dir herumspiele? Wahrscheinlich ist es im Moment ein bisschen von beidem, aber sicher wird die Freude überwiegen, wenn Du Dir klarmachst, wie viel Du mir bedeuten musst, da ich das alles für Dich tue.

Leon

PS: Wenn Du die Geheimnisse Deiner Wohnung unbedingt für Dich behalten willst oder ich Dir statt dessen lieber den nötigen Respekt vor meinen Anweisungen beibringen soll – ich weiß ja, wie gerne Du lernst – lass es mich wissen. Eine Kamera befindet sich in der afrikanischen Maske über dem Bett. Ich kann in einer Minute oben sein, um Deinen Wunsch zu erfüllen ...

PPS: Noch ist dies ein Spiel, und Du weißt, was Du tun musst, um es zu beenden. Ehrlich gesagt, fällt es mir schwer, es noch auf dieser Ebene zu sehen und Dir diesen Ausweg zu lassen, und ich tue das gewiss nicht, weil ich die Verantwortung scheue. Doch wenn es mehr sein soll, ist es eine Entscheidung, die Du in Ruhe überdenken musst. Und ich möchte Dir ins Gesicht sehen, wenn Du mir alle Macht verleihst, mir sagst, dass Du mir gehören willst, dass ich Dich zu meiner Frau erziehen soll, Dich zwingen soll, mir zu gehorchen, Dich loben und strafen soll, so, wie Du es gerade verdient hast.

Wie betäubt stehe ich da. Wollte ich nach den ersten Zeilen vor Wut wild durch die Gegend schreien, hat doch der Schluss des Briefs eine ganz andere Wirkung auf mich: Ich zerfließe! *Dich zu meiner Frau erziehen ... Dich zwingen, mir zu gehorchen ... Dich loben und stra-*

fen, wie du es verdient hast ... Oh, das ist so erregend! ... *Dich erziehen ... Dich zu meiner Frau erziehen* ...

Was mache ich bloß?

Nichts! Gar nichts! Das ist sowieso alles schon viel zu weit gegangen. Schlimm genug, dass ich es überhaupt getan und mich dabei auch noch in solche Gefühle verstiegen habe. Ich hatte Egbert doch praktisch schon ganz vergessen! Jetzt muss Schluss sein, endgültig!

Aber ich will es, ich will das jetzt! Will, dass er mich zwingt, unterwirft, bestraft! Er soll mich schlagen, schonungslos, ohne jede Nachsicht! Und küssen und streicheln und halten und mit mir sprechen und mir ganz nah sein! Ich will seine Hände spüren, die mich zurechtlegen, meine Schenkel spreizen, will sein Eindringen, seine Stöße, seine Leidenschaft, sein heftiges Atmen, seine Hitze, will diese Lust, diese wahnsinnige Lust ... Nur einmal noch! Es ist doch bloß ein Spiel, und einmal ist schließlich keinmal. Was kann eine Wiederholung jetzt noch schaden? Warum das nicht mitnehmen?

Nein, verdammt! Es ist eben kein Spiel mehr. Nicht wenn es nach ihm ginge. *Ehrlich gesagt, fällt es mir schwer, es noch auf dieser Ebene zu sehen ... Doch wenn es mehr sein soll* ... Er will es richtig, er will ernst machen, und das ist es ja gerade, was mich so maßlos erregt! *Dich zu meiner Frau erziehen* ... Oh, ich sehne mich danach, will seine Frau sein, will, dass er alles mit mir tut, alles, alles, alles! Ich will mich hingeben, aufgeben, auflösen, will nichts mehr sein, nichts mehr denken, alles ihm überlassen, nur noch gehorchen, zu ihm aufsehen, mich ganz fallen lassen ... Ich bin so schwach, dass ich mich kaum mehr aufrecht halten kann, und mir ist schlecht vor Angst, Angst vor ihm, vor mir selbst, vor dem, was er tun könnte, was ich tun könnte, was ich fühlen könnte, einfach vor allem!

Ich knie mit weit gespreizten Beinen auf dem Bett, die Stirn auf dem Laken, den hochgereckten Po der Kamera zugewandt, und warte. Er braucht nicht eine, sondern mehrere Minuten, um heraufzukommen, und in jeder einzelnen sterbe ich tausend Tode. Als ich das Klappern des Schlüssels im Schloss höre, bin ich einem Zusammenbruch nahe.

Er sieht es mir gleich an und kommt zu mir aufs Bett, zieht mich in seine Arme. Lange hält er mich so, streicht mir sacht übers Haar. »Beruhige dich«, flüstert er mir zu. »Hab keine Angst. Lass dich einfach fallen. Vertrau mir.«

Und dann tut er das einzige, das mir in dem Moment die Angst, die enorme Anspannung nehmen kann: Er umschließt mit seiner warmen Hand meine Muschel, die ganz kalt ist von der ausgeströmten Nässe, wärmt mich so, fängt dann an, meinen Hügel zu drücken und zu kneten; seine Finger kitzeln und reiben in meiner Furche, dann treibt er sie tief in mich hinein, stößt zu, bis die Gier mich packt und ich anfange mitzumachen, mich gegen seine Hand zu bewegen.

»Meine Kleine«, murmelt er zärtlich. »So ängstlich, so nass, so aufgeregt ... Willst du, was ich dir geschrieben habe, ja?«

Ich stöhne nur laut auf und reibe mich wie wild an seinen Fingern.

Doch er zieht sie weg, lässt die flache Hand fest zwischen meine Beine klatschen. Ich quietsche erschreckt auf, und er gibt mir noch zwei weitere Schläge. Mein Hügel brennt.

»Antworte!«

»Ja«, ächze ich. »Ja, ich will.«

»Sag mir, was genau«, verlangt er mit dunkler Stimme und fängt wieder an, mich zu streicheln.

»Ich möchte dir gehören«, keuche ich folgsam. »Und dass du mich erziehst.«

»Bitte mich darum«, kommandiert er.

»Bitte erzieh mich.«

»Nochmal. Und sieh mir dabei in die Augen.«

»Bitte erzieh mich.«

»Nochmal.«

»Bitte erzieh mich.«

»Und jetzt bitte mich richtig. Ausführlich. Mit deinen eigenen Worten. Sag mir, was du willst.« Er kniet sich neben mich, packt meine Beine, drückt sie hoch auf meine Brust und hält sie mit dem linken Unterarm in der Position fest. »Ich schlag' dich so lange, bis alles heraus ist. Sag mir alles, Sonia.«

Seine Rechte klatscht auf meine nasse Spalte, satt, brennend, heiß, schmerzhaft, immer und immer wieder, und das Klatschen und Stöhnen, das erregte Keuchen und die Schmerzenslaute vermischt sich mit unseren Stimmen: »Erzieh mich zu deiner Frau ... o Gott ... aua, auauauah, nicht mehr!» – »Doch, Sonia, doch, ich muss das machen, damit du redest!« – »Ich rede ja! Du darfst alles mit mir tun, mich so formen, wie du mich willst ... bitte, hör auf, bitte!« – »Nein, noch nicht, Süße, ich will noch mehr hören!« – »Ich will alles tun, um dir zu gefallen. Wenn es mir nicht gelingt, bring mir bei, es besser zu machen.« – »Das tue ich gerade, ich versuch's. Ich glaube, ich muss dich noch etwas härter schlagen, damit du nicht immer gleich nach ein, zwei Sätzen wieder aufhörst.« – »Au! Au! Das tut so weh! Nein, nicht mehr!« – »Ich will, dass du mir alles sagst, Sonia. Wenn du's nicht freiwillig tust, muss ich dich zwingen. Willst du, dass ich dich zwinge?» – »Nein! Auahh! Ja, doch! Zwing mich, dir zu gehorchen. Zwing mich, alles für dich zu tun. Schlag mich. Schlag mich ruhig noch härter. Nimm den Gürtel, wenn es sein muss. Ah! Au! Gott, das brennt wie Feuer! Au, tut das weh! Aber so muss es sein! Schlag noch fester! Viel fester! Du musst mich immer schlagen, wenn ich dir nicht gehorche, mich bestrafen, wenn ich versage. Und mich lieben, wenn ich gut war. Mich halten, küssen und streicheln, und dann ... Es war so wahnsinnig gestern, so unglaublich intensiv. Ich will es wieder so, immer. Ich will von dir angetrieben, gefordert werden. Stell mir Aufgaben, mach es mir schwer, ich will mich für dich anstrengen. Fordere mir alles ab. Lass es mich nicht schaffen, quäl mich, lass mich verzweifeln. Und dann doch noch das Ziel erreichen. Belohn mich mit deiner Zärtlichkeit, mit deinen Küssen, mit deinem dicken Schwanz, der mir solche Lust macht. Fick mich. Lass mich kommen, bis ich nicht mehr kann. Bitte fick mich. Du machst mich wahnsinnig. Ich will dich. Ich will dich so sehr ...«

Er hört auf, mich zu schlagen, lässt meine Beine los und legt sie zurück aufs Bett. »Ja, alles! Das alles«, sagt er heiser, beugt sich über mich und küsst mich voll auf den Mund.

Er steht auf, holt einige Seile aus dem Schrank. Dann kommt er wieder zu mir, hebt mich hoch und legt mich mit den Füßen zum verspiegelten Kopfteil in der Mitte des Betts zurecht. Meine Arme werden ausgebreitet und mit Stricken seitlich am Bettrahmen festgemacht. An die Enden eines anderen Seils macht er jeweils eine Schlaufe, die dann um meine Füße gelegt und verknotet werden. Er erhebt sich, zieht, hinter meinem Kopf stehend, an dem Mittelteil des Seils, wodurch meine Füße hochgehoben und gespreizt werden. Das Seil zerrt meine Füße abwärts, bis sie fast neben meinen Ohren zu liegen kommen, doch sie werden noch weiter nach außen gezogen, die Beine dadurch stark gespreizt, und in dieser Position befestigt. Dann hebt er meinen Kopf an und schiebt ein Kissen darunter. »Ich möchte, dass du jetzt die Augen aufmachst und uns so siehst. Schau in den Spiegel und sag mir, was du fühlst.«

Folgsam schlage ich die Augen auf, erblicke meine extrem gespreizten Schenkel, dazwischen die von den Hieben stark gerötete Scham, die leicht verblassten Striemen auf dem Po, mein erhitztes, verschwitztes, erregtes Gesicht und daneben sein lächelndes. Unsere Blicke begegnen sich im Spiegel.

»Na, wie gefällt dir der Anblick?«, fragt er und glättet wie nebenbei mein Haar, das sich wirr auf dem Kissen ausgebreitet hat. »Was ist es für ein Gefühl, wenn du dich so nackt und bloß vor mir siehst, hilflos aufgespreizt, mit deiner knallroten, brennenden Möse, die trotzdem vor Gier das Laken volltrieft?«

»Es ist ... beschämend«, flüstere ich.

»Ja, nicht wahr?«, strahlt er. Dann steht er auf, zieht sich einen Stuhl heran, nimmt Platz und beugt sich wieder zu mir herunter, dass ich sein Gesicht im Spiegel sehen kann. Er hält ein kleines, flaches, viereckiges, schwarzes Ding an mein Ohr. Ein sirrendes Geräusch ertönt, ein Klicken, dann höre ich meine Stimme vom Band: »... dir zu gehorchen. Zwing mich, alles für dich zu tun. Schlag mich. Schlag mich ruhig noch härter. Nimm den Gürtel, wenn es sein muss. Ah! Au! Gott, das brennt wie Feuer! Au, tut das weh! Aber so muss es sein! Schlag noch fester! Du musst mich immer schlagen, wenn ich dir nicht gehorche, mich bestrafen, wenn ich versage. Und mich lieben, wenn ich gut war. Mich halten, küssen und streicheln, und dann ...« Klick, das Band wird abgeschaltet.

»Nein, nicht die Augen zumachen! Sieh hin, Sonia, sieh dich an dabei!«

»O nein, bitte nicht, bitte erspar mir das«, flüstere ich tonlos und denke schon, dass er nachgibt, denn er legt den kleinen Rekorder neben meinen Kopf auf das Kissen und steht auf. Aber es kommt noch schlimmer. Er entfernt sich einen Moment und kommt dann mit einer Polaroid-Kamera zurück.

»Ich könnte ein paar Prints von den Videobändern machen«, erklärt er, »aber die wären ja nur schwarz-weiß, und auch nicht immer aus dem optimalen Winkel. Jetzt wollen wir doch mal ein paar schöne Fotos von dir machen. Sieh her, sieh in die Kamera!«

Nachdem er fünf, sechs Ganzaufnahmen aus verschiedenen Richtungen geschossen hat, beugt er sich über meine Mitte und lichtet sie aus nächster Nähe ab. Die Bilder liegen auf dem Bett, und er betrachtet sie, während sie sich entwickeln.

Dann nimmt er wieder auf dem Stuhl Platz und hält sie mir nacheinander vors Gesicht, und er schaltet das Band wieder ein, zwingt mich, meine demütigen Worte bis zum Ende anzuhören. »... will von dir angetrieben, gefordert werden. Stell mir Aufgaben, mach es mir schwer, ich will mich für dich anstrengen. Fordere mir alles ab. Lass es mich nicht schaffen, quäl mich, lass mich verzweifeln. Und dann doch noch das Ziel erreichen. Belohn mich mit deiner Zärtlichkeit, mit deinen Küssen, mit deinem dicken Schwanz, der mir solche Lust macht. Fick mich. Lass mich kommen, bis ich nicht mehr kann. Bitte fick mich. Du machst mich wahnsinnig. Ich will dich. Ich will dich so sehr!«, stöhnt meine Stimme vom Band, und dicht vor meinen Augen befindet sich das Bild meiner roten Muschel, aus der die Nässe heraussickert, schon einen großen Fleck aufs Laken gemacht hat.

»Tja, da sieht man, wie sehr dir das gefällt! Sag, ist es nicht schön, wie ich dich zum Triefen bringen kann?

Nein, nein! Nicht schon wieder die Augen zumachen! Sieh mich an und antworte! Ist das schön?«

»Ja«, hauche ich.

»Und obwohl ich mir so viel Mühe gegeben habe, dir Lust zu machen, dich zu befriedigen, und das alles ganz umsonst, nur aus dem Gefühl heraus, das ich für dich habe, trotzdem konntest du nichts für mich tun. Es war ja nichts Weltbewegendes, um das ich dich gebeten habe, nur dass du bleibst und auf mich wartest. Hast du überhaupt eine Vorstellung, wie sehr mich das verletzt hat, dass du gehen wolltest?«

»Aber das war doch nur ... Ich wollte dich nicht verletzen. Ich dachte, dass dir das eben doch ... na ja, mehr oder weniger egal ist. Du bist einfach gegangen, obwohl du mich leicht dazu hättest bringen können zu bleiben. Und dieses Date ... da wusste ich ja noch nicht ... und ich war halt ...«

»Eifersüchtig, jaja. Du hast mir nicht vertraut.«

»Tut mir leid.«

»Klar! Jetzt, wo du wieder geil bist und gefickt werden willst, tut es dir leid.«

»Du verdrehst alles! So ist das doch gar nicht! Ich will überhaupt nicht ...«

»Ach, du willst es nicht? Sehnst du dich nicht nach mir?«

»Doch, sehr sogar, aber ...«

»Siehst du! Aber das kannst du vergessen«, sagt er hart, fast verächtlich. »Ich hab keine Lust, mir die Mühe zu machen. Besorg's dir doch selbst.«

Er bindet meine rechte Hand los, führt sie zwischen meine Beine. »So. Jetzt kannst du dir einen abwichsen. Na los, mach! Mach dir einen Orgasmus.«

Hätte seine Stimme weniger kalt geklungen, hätte er mich dazu gezwungen, es mir vor seinen Augen zu machen, um sich an meiner Scham zu weiden, hätte ich es wahrscheinlich sogar genossen. Doch er ist zum Fenster hinübergegangen und blickt hinaus. Ich sehe auf seinen Rücken, der schroff und abweisend wirkt, und bin meilenweit von einem Orgasmus entfernt. Trotzdem versuche ich es, will wenigstens gehorsam sein, um alles wiedergutzumachen.

Nach einer Weile fragt er mit flacher, eisiger Stimme und ohne sich umzudrehen: »Bist du fertig?«

»Nein.«

»Dauert's noch lange?«

»Ich ... ich kann so nicht.«

»Dann mach' ich dich wohl jetzt am besten los, geb dir deine Sachen, und du gehst. Das wolltest du ja von Anfang an.«

»Nein! Das ist doch alles bloß ein Missverständnis! Ich will nicht gehen!«

Langsam dreht er sich zu mir um, kommt näher, sieht ernst auf mich herunter. »Weißt du, ich könnte es tun. Ich könnte dich jetzt ficken.«

Er macht seinen Reißverschluss auf, zeigt mir sein steifes Glied und schließt die Hose wieder. »Aber ich will, dass dir klar wird, was du einfach so wegwerfen wolltest. Ich will dir beibringen, etwas dankbarer zu sein, für das, was ich dir gebe. Am liebsten würde ich dich eine Zeitlang tagsüber im Keller vor dem Monitor anbinden, damit du hilflos zusehen und zuhören musst, wie ich es mit anderen Frauen treibe. Nachts würde ich dich dann raufholen. Jedes Mal würdest du hoffen, dass ich gut zu dir bin, mich auch mal mit dir beschäftige, aber ich würde dich immer wieder enttäuschen. Ich würde dich um einen Fick betteln lassen, und dann würde ich dich auslachen, weil dich diese Demütigung nur noch geiler macht, aber dich deinem Ziel kein bisschen näher bringt.«

Er setzt sich neben mich aufs Bett. »Ich möchte dich sehr oft und sehr ausgiebig demütigen, Sonia. Ich möchte es so weit treiben, dass du mich anflehst, dass ich auf den Boden spucke und du die Spucke auflecken darfst, um wenigstens etwas von mir zu bekommen, nachdem ich dich eine Ewigkeit lang nicht angerührt habe. Und nicht mal das würde ich dir erlauben. Bis ich das Gefühl habe, dass du meinen Wert tatsächlich erkennst und es dir vollkommen egal ist, was ich mit anderen tue, solange ich mich ab und zu auch dir zuwende. Ich will, dass du mir vollkommen verfällst, dass du krank bist vor Verlangen nach mir, dass du bettelst und weinst und flehst und ...«

»Ich bin dir doch schon verfallen«, sage ich leise dazwischen. »Bestraf mich, schlag mich, tu sonst was, egal, aber mach was, berühr mich irgendwie, und wenn es nur mit den Augen ist. Bitte! Ich kann es mir ja nicht mal mehr selbst machen, wenn du mir nicht wenigstens zusiehst.«

»Gut so!«, sagt er befriedigt, erhebt sich, löst meine Beine aus ihrer Fessel und legt sie aufs Bett. »Das ist sehr gut. Dann brauche ich deine Hand ja gar nicht wieder festzubinden.«

Nur mit der linken Hand noch ans Bett gebunden lässt er mich einfach so liegen und geht zügig zur Tür, öffnet sie.

»Geh nicht, bitte! Bitte, lass mich nicht allein!«, jammere ich mit erstickter Stimme, aber er reagiert überhaupt nicht darauf, schließt leise die Tür hinter sich.

Eine Weile lang liege ich da wie tot, fühle mich verlassen, hilflos wie ein kleines Kind, zurückgestoßen, ausgeschlossen, mache mir Vorwürfe, dass ich ihm wehgetan habe, denke, dass alles meine Schuld ist, dass er nicht gegangen wäre, hätte ich ihm alles noch mal richtig erklärt, ihm gesagt, dass ich überfordert war, nicht glauben konnte, dass so schnell so viel möglich sein sollte ... Tränen laufen mir herunter, ich schluchze, steigere mich in meinen Kummer hinein – bis ich plötzlich mit einem Schlag wieder klar im Kopf werde, ganz deutlich erkenne, wie ich hineingezogen wurde in diesen Sog. Klar, dass mich dieser Mann mit seiner Erfahrung vollkommen in der Hand hat! Und die Gebrauchsanleitung habe ich auch noch mitgeliefert. Er musste nicht mal selbst herausfinden, wie er mich in eine so extreme Geilheit, in all diese kranken Gefühle hineindrängen konnte. In eine eingebildete Abhängigkeit, die es gar nicht wirklich gibt.

Was für ein Irrsinn, das alles! Nur gut, dass ich mich selbst losbinden kann. Ich werde meine Sachen zurückverlangen und gehen, und wenn er mich aufhalten will, renne ich eben nackt auf die Straße und schreie um Hilfe. Bloß raus hier, bloß weg! Ich ekle mich vor mir selbst, vor den Dingen, die ich getan und mit mir habe machen lassen, vor dem, was ich gedacht, gefühlt, mir gewünscht, gesagt, erbettelt habe: dass ich seine Frau sein will, sein Tier, sein Loch, sein Ding, dass er alles von mir verlangen, alles mit mir tun kann ... Wie widerwärtig das ist! Wie widerwärtig ich bin! Und all das befindet sich auf Fotos, Ton- und Videobändern, die ganze Dokumentation meiner Erniedrigung, jede Bewegung, jeder Schlag, meine Lust, mein Betteln um mehr Schmerz, mehr Lust, mehr Erniedrigung, mein Stöhnen, meine Orgasmen ... Die Fotos und der kleine Rekorder liegen nicht mehr auf dem Bett. Er muss sie eingesteckt haben. Und die Bänder – ich muss diese Bänder kriegen! Was mach' ich bloß, wenn er sie nicht rausgeben will? O Gott, was hab ich nur getan?

Ich nestle hektisch mit der rechten Hand an der verknoteten Schlinge, die um mein linkes Handgelenk liegt, kriege sie aber nicht auf. Gottseidank geht der andere Knoten am Bettrahmen leichter auf, und so kann ich zum Schrank gehen und mithilfe eines Messers aus einer der Schubladen die Schlinge durchtrennen.

Als ich auf den Flur hinaustrete, höre ich leise Geräusche aus dem hinteren Teil der Wohnung. Ich finde Leon im »privaten« Wohnzimmer am Schreibtisch, mit irgendwelchem Papierkram beschäftigt. Das Notebook steht aufgeklappt vor ihm. Er blickt kurz hoch, als ich den Raum betrete.

»Ich will gehen« sage ich kurz angebunden. »Gib mir meine Sachen, auch die Videos und das andere Zeug.«

»Sicher«, erwidert er ebenso knapp. »Liegt alles vorne.«

Ich wende mich ohne ein weiteres Wort ab, gehe in das vordere Wohnzimmer. Auf dem Stuhl vor dem Sekretär steht eine Plastiktüte und tatsächlich: Die Bilder, eine kleine Tonkassette und ein Stapel Videobänder sind darin. Schlüssel, Handy, Kreditkarte finden sich in meinen Manteltaschen. Alles schon vorbereitet. Er wusste es also, wollte es vielleicht sogar so und hat mich nur wieder manipuliert. Obwohl das nun wirklich keinen Sinn ergibt ... Ich schlüpfe in meine Pumps, ziehe den Mantel über und gehe zur Wohnungstür. Aber die Hand schon auf der Klinke, bringe ich es doch nicht fertig, einfach so zu wegzulaufen, und gehe noch einmal zurück.

Er sitzt noch genauso da wie eben. Er muss mich kommen gehört haben, aber er sieht mich nicht an, bis ich fragend seinen Namen sage.

»Du brauchst nichts zu erklären, Sonia«, sagt er müde. »Es steht dir alles ins Gesicht geschrieben. Auf einmal erscheint dir alles in einem anderen Licht, und du ekelst dich vor dir selbst, vor mir, vor allem.«

»Nur vor mir und allem. Nicht vor dir.«

»Nein?«

»Nein.«

Er steht auf, kommt um den Tisch herum auf mich zu und bleibt dicht, aber ohne mich zu berühren, vor mir stehen. »Meine eigene Schuld. Ich konnte mit dir so tief gehen, so weit ... Schon als ich rausging, wusste ich, dass ich einen Fehler gemacht habe, dass ich dir noch nicht die freie Wahl lassen kann. Aber dann wollte ich es auch drauf ankommen lassen, wollte die Entscheidung. Tja, jetzt hab ich sie.« Er streicht mir sanft eine Haarsträhne aus dem Gesicht und lächelt traurig. »Und sie gefällt mir gar nicht.«

»War dir das wirklich ernst?«, frage ich zweifelnd und schüttle den Kopf. »Ich kann das einfach nicht glauben.«

»Das weiß ich! Aber wieso nicht, verdammt noch mal?!« Er reißt mich in seine Arme, küsst mich erst hart, dann zärtlich und dann wieder wild und voller Leidenschaft. Er legt alles hinein in diesen Kuss, seine ganzen Gefühle, alle Versprechen. »Ich will dich lieben und für dich sorgen«, flüstert er in meinen Mund, »und ich will dir wehtun, dich erniedrigen, dich quälen, weil dich das so geil macht, und mich auch, wenn ich dann diese Macht über dich spüre, wenn ich dich so devot und verrückt vor Lust vor mir sehe ...«

Mit Gewalt reiße ich mich von ihm los, sehe, wie er mit hängenden Armen dasteht, gehe langsam rückwärts, immer wieder sagend, dass ich das nicht kann, nicht will, dass es mir leidtut, und dann drehe ich mich um, stürze hinaus, die Treppe hinunter auf die Straße, fange an zu laufen, stolpere in den Pumps, versuche trotzdem zu rennen, als könnte ich die letzten 24 Stunden auslöschen, wenn ich mich nur möglichst schnell möglichst weit vom Ort des Geschehens entferne. Als ich endlich ein vorbeifahrendes Taxi einfange, bin ich völlig außer Atem.

Zu Hause auf dem Anrufbeantworter blinken vier Nachrichten: Anke, die morgen Abend mit mir essen gehen will, Klaus und Eva, die mich zu einer Party einladen, Leo, der meine Küchenmaschine ausleihen möchte, und Egbert, der mir mitteilt, dass er morgen einen späteren Zug nehmen und erst gegen zwanzig Uhr ankommen wird. Nichts Wichtiges. Normalität. Mein kleiner banaler Alltag, der mir so fremd vorkommt, als hätte ich Monate auf einem fremden Planeten verbracht.

Noch immer ist meine Kehrseite wund, was das Duschen mehr als unerfreulich macht, doch ich halte trotzdem lange unter dem fließenden Wasser aus, will die Erinnerung wegspülen, alles vergessen. Im Bademantel, mein nasses Haar in ein Handtuch gewickelt, irre ich durch die Wohnung, stelle unsinnig ein paar Dinge von links nach rechts, mache mir etwas zu essen, das ich dann doch stehen lasse, setze mich auf die Couch mit einer Zeitschrift, auf die ich mich nicht konzentrieren kann, ebenso wenig wie auf das Fernsehprogramm. Trotzdem lasse ich die Glotze an, denn solange dort die Stimmen plärren, kann ich wenigstens meinen eigenen inneren Dialog nicht hören. Irgendwann zeigt die Berieselung dann auch Wirkung, und ich nicke ein.

Als ich später am Abend wieder wach werde, flimmert gerade ein Horrorfilm über die Mattscheibe. Das Schreien und Kreischen eines jungen erschreckten, vor irgendetwas flüchtenden Paars ist ohrenbetäubend, und ich taste verschlafen nach der Fernbedienung, um abzuschalten. Das um meinen Kopf gewickelte Handtuch ist heruntergerutscht und liegt auf dem Boden; mein Haar ist inzwischen trocken. Ich drehe mich um, versuche wieder eine bequeme Lage zu finden, aber die Couch ist nun mal nicht dazu gemacht, um darauf zu schlafen. Also beschließe ich, mich doch lieber aufzuraffen und im Bett weiterzuschlafen. Wahrscheinlich hätte das auch problemlos geklappt, hätte ich nicht die Tüte mit den Videobändern im Flur stehen lassen. Auf dem Weg ins Schlafzimmer laufe ich dagegen, und sie fällt um. Eine

Kassette ragt heraus, auf dem Boden liegt eines der Fotos, darauf mein nackter, gefesselter, aufgespreizter Körper ... Ich will es gar nicht beachten, will weitergehen, nicht genauer hinsehen und tue es natürlich doch, gehe in die Hocke, nehme das Bild auf und betrachte es. Und einmal angefangen ist es wie ein Zwang, ich muss mir alle Fotos ansehen, und danach auch die Videos.

Da die Kassetten nicht beschriftet sind, lege ich die Erstbeste ein. Sie zeigt das Schlafzimmer. Ich schlafe in Leons Armen. Im Schnellvorlauf sehe ich mir an, wie wir uns ab und zu umdrehen und uns in einer neuen Position aneinanderschmiegen. Auf der zweiten Kassette sieht man ebenfalls das Schlafzimmer, aber zu einem früheren Zeitpunkt, als es noch leer ist. Dann stößt Leon die Tür auf, trägt mich zum Bett, zieht sich aus, kommt zu mir und setzt mich auf seinen Schoß. Mich sehe ich von hinten, Leon war der Kamera zugewandt, und so kann ich jetzt vor allem ihn betrachten, seinen Gesichtsausdruck, die Gefühle, mit denen er mich betrachtet, mich hält, berührt, vögelt. Die Bildqualität ist nicht besonders, aber trotzdem erkenne ich, was sich in seinem Gesicht spiegelt: Zärtlichkeit, Verlangen, Sehnsucht, Bewunderung, Fürsorge, Besitzgier, Macht, Geilheit, Andacht, Ekstase, alles. Und nachdem ich das gesehen habe, ist mir plötzlich klar, dass er es wirklich ernst gemeint hat, jedes verdammte Wort! Die Erkenntnis trifft mich wie ein Schock.

Und doch ... Nein, nein, ich habe mich entschieden, und ich habe mich richtig entschieden. Mag sein, dass ich in Egberts Augen noch nie so eine Leidenschaft gelesen habe und dass sein »Ich liebe dich« ziemlich viel von »Du bist die perfekte Mutter für meine Kinder« hat, aber das ist eben die Wirklichkeit. Egal, wie schön und aufregend und intensiv diese Stunden waren, das alles kann nirgendwo hinführen. Sollte es ja auch nicht. Von Anfang an nicht. Es sollte keine Konsequenzen haben. Ich muss das alles so schnell wie möglich vergessen. Sex ist nicht wichtig, *darf* nicht so wichtig sein. Man sieht ja, wo das hinführt, wenn man sich von seinem Trieb steuern lässt. Ich brauche mir bloß diese Bilder, diese Videos anzuschauen. Ich lasse mich schlagen, erniedrigen, zu einem

Tier herabwürdigen, alles bloß wegen dieses Kitzels zwischen den Beinen! Da! Da bin ich gerade kurz davor! Mein mit dunklen Striemen übersäter Po rotiert wie wild, und ich sehe aus wie eine Irre: Das Gesicht verzerrt, die Augen verdreht, der Mund weit aufgerissen, mein Körper, der wild herumschlägt ... Pervers ist das, einfach pervers. Widerlich. Erbärmlich, ja, erbärmlich.

Wenn es sich bloß nicht so verdammt gut angefühlt hätte! Wenn ich nicht immer noch seine Stimme im Ohr hätte, die scharfen Anweisungen, die kühlen Befehle, die verächtlichen Kommentare, die sanften, ermunternden Worte und die heiseren der Erregung, sein Lachen, sein lustvolles Aufstöhnen, sein Keuchen, sein zärtliches Murmeln! Wenn ich nicht immer noch seinen Körper riechen würde, sein Parfum, seinen Schweiß, den Duft seiner Lust! Wenn ich nicht immer noch seinen Mund auf meinem fühlen würde, seine Zunge, die sich zwischen meine Zähne drängt, seine Hände, Schmerz und unendliches Verlangen über meinen ganzen Körper verteilend, und seinen mächtigen Schwanz, der sich an meinen Bauch presst, an meine Schenkel, meinen Hintern, meinen Spalt, schließlich eindringt, zustößt ... O Gott, ich kann es noch immer fühlen, und ich will es wieder und wieder und immer wieder, diese Verzweiflung und Qual zu seinen Füßen und den Trost in seinen Armen, dieses völlige Sichauflösen in Schmerz und Hitze, diese rauschhafte, selbstvergessene Lust, die nur möglich ist, weil er die Kontrolle behält, sodass ich mich ganz fallen lassen kann, das Bergende, Schützende seines Körpers, wenn er mich festhält, mich umschlingt, mich einhüllt in seine Wärme im Wachen und im Schlaf.

Wie kann ich das nicht wieder haben wollen? Wie kann ich aufhören, mich daran zu erinnern und mich wieder danach zu sehnen? Was nützt es schon, mir vorzusagen, dass es falsch und widerlich ist, wenn die Sehnsucht, es wieder zu erleben, soviel stärker ist? Ich hätte nie damit anfangen dürfen, diese Fantasien umzusetzen. Warum hab ich auch bloß auf Anke gehört? Jetzt sitze ich in der Falle! Was mich mit Egbert verbindet, ist etwas völlig anderes, ein Zukunftsplan, der alles enthält, was mir wichtig ist.

Ja, ich will eine Familie, ich will Kinder und das Haus im Grünen und Grillpartys mit Freunden und gemeinsame Ferien und Elternabende und Schulausflüge – das ganze Programm. Ein ganz normales Leben, das mit diesen abartigen sexuellen Wünschen einfach nicht vereinbar ist. Was ist denn die Alternative? Mich mit einem Mann einzulassen, der *das da* aus mir macht? Und wer weiß, was noch? Er hat ja behauptet, dass er so einiges mit mir anstellen könnte, wenn er es drauf anlegen würde, und ich fürchte, dass ich in seiner Gegenwart wirklich nicht die Kraft hätte, stark zu bleiben, mich seiner Macht zu entziehen. Hätte er heute Morgen das Zimmer nicht verlassen, wäre ich doch gar nicht wieder zur Besinnung gekommen. Wahrscheinlich läge ich gerade in diesem Augenblick vor ihm auf den Knien, bettelnd, unterwürfig, ganz seine Sklavin.

Wie soll man sich aber auch gegen seine Gefühle wehren, wenn der Mann, der sie auslöst, eigentlich in allem der Inbegriff dessen ist, was eine Frau sich nur wünschen kann? Wenn er nur gut aussähe und ein paar sexuelle Tricks auf Lager hätte, wäre das sicher nicht schwer, aber er ist außerdem intelligent, hat Humor, Geschmack und Manieren, ist einfühlsam, herzlich, zärtlich, fürsorglich – was mehr kann man erwarten? Zum Glück ist da noch sein Job, denn wenn der nicht wäre, würde mich vielleicht nichts mehr zurückhalten, und wo das enden würde, was er dann aus mir machen würde, will ich mir lieber gar nicht erst vorstellen. Gottseidank hat er ja klar gesagt, dass dieser Punkt nicht zur Diskussion steht. Halsstarrig, wie er ist, geht es ihm am Ende noch nicht mal so sehr um die Sache, als vielmehr darum, seinen Kopf durchzusetzen: Wenn du mich willst, musst du das schlucken, und wenn du das nicht kannst, wenn du dieses Opfer nicht bringen kannst, tja, dann eben nicht. Zuzutrauen wär's ihm.

Aber wie er mich angesehen, wie er mich berührt hat, und wie er am Schluss gesagt hat, was er für mich empfindet, das *war* echt. Und haben diese Stunden nicht alle meine Fantasien, meine kühnsten Träume übertroffen? Was, wenn ich heute Nachmittag vor meinem Glück davongelaufen bin? Will ich wirklich auf diese Lust für immer verzichten? Wenn ich das nicht will, andererseits aber zu viel Angst davor habe, dass ein Mann, der diese sexuelle Macht über mich hat, mein ganzes Leben kontrolliert – was bleibt mir dann? Egbert heiraten und ihn betrügen, wenn ich es nicht mehr aushalte? Kommt nicht in Frage! Mich mit lockeren Verhältnissen zufriedengeben, die meine Lust befriedigen, aber den Rest meines Lebens nicht berühren? Nein, eine Familie zu haben, ist mir allemal wichtiger, also habe ich im Grunde keine Wahl. Und die Entscheidung war ja auch längst getroffen; sie stand von Anfang an fest. Die letzten Stunden haben mich nur durcheinandergebracht, aber darüber werde ich schon hinwegkommen, wenn erst mal genügend Zeit verstrichen ist.

Trotzdem: Wie ich einfach weggelaufen bin, ohne Erklärung, ohne ein freundliches Wort, das war nicht gerade fair, nach allem, was gewesen ist. Ich sehe ihn noch vor mir, wie er da mitten im Raum stand, seine Enttäuschung, seine Verletztheit, dieser traurige Ausdruck in seinen Augen ... Ich sollte ihn anrufen und ihm wenigstens den Grund sagen. Ja, das sollte ich wirklich tun. Genau, das mache ich jetzt.

Die Nummer ist noch im Handy gespeichert. Aber er ist nicht da oder geht nicht dran. Nur die Box meldet sich. Ich ärgere mich, dass ich an diese Möglichkeit nicht gedacht und mir vorher die richtigen Worte zurechtgelegt habe, will aber auch nicht wieder auflegen, weil er vermutlich inzwischen meine Nummer gespeichert hat und später sehen kann, dass ich ihn angewählt habe.

»Ja, hallo ... äh ... hier ist Sonia«, fange ich unbeholfen an. »Äh, ich wollte dir nur sagen ... weil ich so einfach weggegangen bin ... also, der Grund ... das lag nicht an dir ... nur an mir ... Es ist einfach, dass ich so ein Leben nicht will ... Ich muss irgendwie wieder zurückkommen in meinen normalen Alltag ... wobei ich nicht weiß, ob ich das kann ... aber ich muss das versuchen ... Es gibt keine andere Lösung. Ich meine, das mit uns ... das war schon ... und wenn ich daran denke, dass ich nie wieder ... wie das gehen soll, weiß ich auch nicht. Ich meine, falls du gedacht hast, dass es mir leichtfällt ... im Gegenteil. Es ist alles noch so lebendig in mir ... diese ganze Nacht und heute Morgen ... deine Stimme, dein Lächeln, deine Berührung ... wie du mir wehgetan hast, und dann ... einfach alles! Ich seh' dich immerzu vor mir, dein Gesicht, deine Augen, deinen Mund ... Sogar riechen kann ich dich noch, und ich spüre deine Hände ... so hart, so zärtlich ... spüre deinen starken, warmen Körper an meinem, spüre dich in mir ... und wenn du jetzt hier wärst ... Verdammt, das wollte ich nicht sagen! Vergiss es. Vergiss das alles. Ich wollte ja nur ...«

Gottseidank meldet die Box das Ende der Sprechzeit, bevor ich noch Schlimmeres sagen kann. So lege ich hastig den Hörer auf und sitze einen Moment da, innerlich auf mich selbst, meine Dummheit und diesen blöden Anruf schimpfend. Dann beschließe ich, endgültig ins Bett zu gehen.

Ich bin gerade dabei, mir die Zähne zu putzen, als es an der Tür läutet. Ich drücke auf, ohne mich über die Sprechanlage zu vergewissern, wer dort ist. Ich weiß es einfach. Schon als ich aufgelegt habe, war mir klar, dass er mein Gestammel zum Anlass nehmen würde – aber nein, das kann nicht sein! Es sind höchstens fünf Minuten vergangen, und selbst wenn er die Box gleich abgehört hätte, könnte er den Weg in der kurzen Zeit nicht geschafft haben!

Aber trotzdem ist er es, der plötzlich in meinen Flur stürmt und mich anschreit: »Du brauchst gar nicht zu denken, dass ich dich so einfach gehen lasse!« Streitsüchtig schiebt er das Kinn vor. »Meinst du, du kannst in mein Leben schneien, mich ganz verrückt machen und dann einfach stehen lassen? Ich denke gar nicht dran, mich von dir so ...«

»Du hast meinen Anruf noch nicht abgehört, oder?«, frage ich dazwischen.

Irritiert, fast unwirsch, weil ich ihn in seiner Predigt unterbrochen habe, sieht er mich an, holt sein kleines, flaches Motorola aus der Tasche, klappt es auf und drückt die Abfrage. Er hört zu, und seine finstere Miene verwandelt sich nach und nach in ein Lächeln. Dann klappt er das Handy zu und schiebt mich mit seinem Körper an die Wand, drückt mich fest dagegen.

»Da bin ich aber beruhigt, dass ich nicht der einzige bin, der nicht aufhören kann, sich zu erinnern«, murmelt er in mein Haar. »Ich hab schon angefangen, an allem zu zweifeln, an mir, an dir ...«

Seine Nähe macht mich ganz schwindelig. Ich schlinge die Arme um seinen Rücken, versinke in seiner Wärme, seinem köstlichen Duft nach Armani und Mann. Er hat sich ein zweites Mal rasiert, seine Wange ist weich und glatt, als sie über meine reibt und sein Mund meine Lippen sucht. Sein Atem riecht nach starkem Pfefferminz; ich schmecke die Schärfe noch auf meiner Zunge, als er mich mit ungezügelter Leidenschaft küsst.

»Ich wollte nicht herkommen«, stößt er atemlos hervor, als sich unsere Lippen schließlich voneinander lösen. »Lass es, lass sie in Ruhe, habe ich mir immer wieder vorgesagt. Aber ich konnte nicht. Nicht, ohne dich noch mal gesehen, mit dir gesprochen zu haben. Schlimm?«

Wortlos schüttle ich den Kopf.

»Erst erzähle ich dir was von irgendwelchen miesen Typen und versprech' dir, dass du bei mir sicher bist, und dann ...« Er macht ein betretenes Gesicht. »Ich hätte nicht einfach so herkommen dürfen. Ich geh' auch sofort wieder, wenn du mich nicht hierhaben willst.«

Den Kopf zurück an die Wand gelehnt, die Augen fest geschlossen, sage ich leise: »Das Problem ist, dass ich will! Sobald du in meine Nähe kommst, will ich, will ich, will ich! Deshalb bin ich weggelaufen. Wenn du mich berührst, wenn du mich bloß ansiehst, kann ich mich nicht mehr wehren.«

»Dann wehr dich doch nicht!«, drängt er. »Du brauchst keine Angst zu haben. Lass dich fallen. Ich halte dich. Vertrau mir!«

»Aber ich will das alles nicht! Ich will ...«

»Was? Was willst du?« Er umfasst meinen Kopf mit beiden Händen. »Komm, sieh mich an. Ich kann nichts tun, wenn du nicht mit mir redest, wenn du mir nicht sagst, was es ist!«

»Ach, es ist ... so vieles! Eigentlich alles!«, stoße ich mit immer noch geschlossenen Augen hervor. »Ich weiß nicht!«

Er löst sich von mir, bewegt sich von mir weg, und als ich zaghaft die Augen öffne, sehe ich, dass er zwei, drei Schritte von mir entfernt an der gegenüberliegenden Wand lehnt. »Liebst du ihn?«, fragt er tonlos, den Blick auf den Boden gerichtet.

Hilflos zucke ich mit den Schultern. »Wir sind schon ewig zusammen, sieben Jahre und all unsere Pläne ...«

»Ich hab nicht gefragt, ob du dich verpflichtet fühlst!«, schnaubt er. »Ich will wissen, ob du ihn liebst! Dass er dich nicht liebt, ist ja wohl klar! Aber vielleicht bist du dumm genug, das nicht zu merken, oder du willst ihn trotzdem, was weiß ich? Also, was ist? Liebst du ihn? Ja oder nein?«

»Wie kannst du behaupten, dass er mich nicht liebt?!«, brause ich auf. »Das ist doch wohl ...«

»... ganz offensichtlich!«, führt er aggressiv meinen Satz zu Ende. »Wenn ein Kerl seine Frau benutzt wie eine Gummipuppe, sie einfach durchzieht, weil er es halt braucht, wobei es ihm scheißegal ist, was sie dabei fühlt oder eben nicht fühlt, und das über Jahre hinweg – das kann man ja wohl kaum Liebe nennen, oder?«

»Sex! Sex! Sex!«, schreie ich erbost. »Herrgottnochmal, es gibt auch noch ein paar andere Sachen, die mir zufällig wichtig sind!«

»Ach ja?«, macht er sarkastisch. »Wie wär's mit Respekt? Oder Vertrauen? Er respektiert dich nicht, denn wenn er's täte, könnte er dich niemals so benutzen. Und du hast ihm verschwiegen, was in den letzten Monaten mit dir passiert ist. Also vertraust du ihm doch nicht! Wie auch? So einem Arsch würde ich an deiner Stelle auch nicht vertrauen. Es geht doch nicht um den Sex an sich, sondern darum, wie das zwischen euch abläuft. Da spiegelt sich eure Beziehung wieder, und wie ich das sehe, ist das eine ziemlich traurige Angelegenheit!«

»Ach ja?!«, fahre ich ihn wütend an. »Deine längste Beziehung ging gerade mal über zwei Jahre! Das macht dich ja wohl kaum zum Experten! Und was du deinen Frauen zugemutet hast, ist doch wohl wesentlich ...«

»Okay, okay!«, fällt er mir ins Wort. »Tut mir leid, ich hätte das nicht sagen sollen.« Sein Mund verzieht sich zu einem kurzen, freudlosen Lächeln. »Man erreicht nur das

Gegenteil, wenn man den Rivalen schlechtmacht. Ich weiß das.«

Erschrocken blicke ich ihn an, während das Wort »Rivale« laut wie eine Kirchenglocke in mir widerhallt.

»Aber verdammt, ich hab recht damit!«, murmelt er finster. »Gib zu, dass ich ein kleines bisschen recht habe!«

Unfähig mich zu rühren oder irgendwas zu sagen, stehe ich bloß da und starre ihn an.

»Was ist? Hast du die Sprache verloren?«, fährt er mich heftig an, schüttelt dann den Kopf und blickt beschämt zu Boden. »Entschuldige, ich bin ...« Er unterbricht sich mit einer Geste. »Vergiss es.«

Nachdem eine Weile in angespanntem Schweigen verstrichen ist, kommt er zu mir herüber, ergreift meine Hände und lehnt sich leicht gegen mich. »Ich wüsste gerne, was du für mich fühlst, ob es in etwa das gleiche ist, was ich für dich fühle«, murmelt er an meiner Schläfe, »aber ich will kein Nein hören, deshalb führe ich mich hier auf wie ein Idiot.«

Ich nicke kurz an seiner Wange, zum Zeichen, dass ich ihn verstanden habe. Das Herz schlägt mir bis zum Hals, und mir ist eiskalt vor innerer Anspannung.

»Ist es Nein?«, fragt er leise, und ich spüre, wie er den Atem anhält.

Hilflos zucke ich mit den Schultern, woraufhin er geräuschvoll ausatmet und sich etwas zurücklehnt, um mich ansehen zu können. »Also – vielleicht?«

»Ich ... ich weiß nicht«, krächze ich mit trockenem Mund. »Vorhin ... da wollte ich das alles nur vergessen, dich, was wir gemacht haben. Aber dann ... konnte ich es nicht.«

Ermunternd nickt er, damit ich weiterspreche, aber in meinem Kopf herrscht plötzlich eine völlige Leere. Ich kann überhaupt nicht mehr denken, geschweige denn irgendwelche Worte finden, nicht mal die einfachsten.

»Das hast du schon in die Box gesprochen«, sagt er schließlich vorsichtig. »Du willst diese Lust wieder, das ist mir schon klar, aber die entscheidende Frage ist, ob das alles ist? Ist es nur Sex? Ist es nur das Gefühl da«, er schiebt eine Hand zwischen meine Schenkel und presst sanft meinen Hügel, »oder ist es auch das Gefühl da?« Er beugt sich herunter, schiebt mit dem Gesicht meinen Bademantel ein wenig zur Seite und küsst mich auf den Ansatz der linken Brust. »Wo ist dein Herz, Sonia? Wo?«

»Vielleicht ... nirgendwo«, sage ich mit vor Unsicherheit zitternder Stimme. »Es ist ... als wäre ich auf einmal zwei verschiedene Personen ... die, die ich mit dir bin, und die, die ich bisher war ... und ich weiß nicht mehr, wer ich bin, was ich will, wohin ich gehöre ... Ich ... ich weiß eigentlich gar nichts mehr.«

Sein Gesicht entspannt sich, nimmt einen weichen Ausdruck an. »Doch«, sagt er sanft. »Doch, das verstehe ich.« Er legt seine Arme um mich und zieht mich an sich. Sacht küsst er mich auf die Stirn, die Augen, die Wangen, den Mund und zum Abschluss auf die Nasenspitze. »Du hast es sehr gut erklärt. Und ich bin nicht *ganz* dämlich, auch wenn ich mich manchmal so benehme.«

Dann lächelt er strahlend und schubst mich mit einer Schulter an. »Sag mal, müssen wir eigentlich hier im Flur stehen bleiben, oder können wir uns mal irgendwo hinsetzen?«

»Was? Oh. Sicher.« Angesteckt von seiner plötzlichen Heiterkeit verzieht sich auch mein Gesicht zu einem schiefen Grinsen.

Zerstreut schlage ich die Richtung zum Schlafzimmer ein, doch als wir an der Tür angekommen sind, bleibe ich so abrupt stehen, dass Leon auf meinen Rücken prallt. Ich war noch nie mit einem anderen Mann als Egbert in diesem Raum!

»Sein Revier, was?«, erkennt Leon gleich intuitiv den wunden Punkt. »Lass mal sehen.« Er drängt mich einen Schritt vorwärts, schiebt sich an mir vorbei durch den Türrahmen und blickt sich kritisch um. »So ungefähr hab ich's mir vorgestellt. Na ja, ehrlich gesagt, ist es noch schlimmer, als ich dachte.« Indigniert verzieht er das Gesicht. »Dass du so einen schlechten Geschmack hast!«

»Ist ja gar nicht meiner«, verteidige ich mich. »Früher sah's hier ganz anders aus. Willst du mal sehen? Ich hab noch Fotos vom Einzug.«

»Klar«, sagt er, streift sein Sakko ab und legt es auf die schmale Bank am Fußteil des Betts, während ich zur

Kommode hinübergehe und nach den Bildern krame. Als ich sie gefunden habe, setze ich mich neben ihn auf die Bettkante und gebe ihm die aufklappte Mappe.

»Egbert fand das französische Bett zu schmal für uns beide«, erkläre ich. »Also hat er dieses klobige Bauernteil gekauft, und weil ihm meine restlichen Sachen auch nicht gefielen ... na ja.«

Wochenlang hatte Egbert die Antikmärkte und -läden nach einem Kiefernholzkleiderschrank und einer passenden Kommode abgesucht, und als er endlich das Richtige gefunden hatte und mich voller Begeisterung in den Laden schleppte, um mir die beiden Stücke zu zeigen, hatte ich nicht das Herz zu sagen, dass ich sie schrecklich fand.

Im Prinzip hatte er ja recht. Das Bett wäre vielleicht mit etwas gutem Willen gerade noch gegangen, aber mein alter englischer Schrank war wirklich zu klein, schon allein für mich. Ein Teil meiner Sachen lag immer obendrauf und auf die beiden Stühle verteilt, und so war es nie richtig ordentlich, geschweige denn, dass Egbert ein paar Sachen zum Wechseln hätte unterbringen können. Trotzdem hing ich an dem Schrank, weil er einfach edel aussah: matt schimmerndes Mahagoni und glänzendes Messing, eine mit kunstvollen Schnitzereien verzierte Tür, in die ein Spiegel eingelassen war, und innen gab es nicht nur eine Kleiderstange und ein großes Brett darüber, sondern der spärliche Raum war bis ins kleinste liebevoll ausgestaltet, mit Fächern, kleinen Schubladen, diversen Haltern und Haken. Außerdem passte der Schrank, weil er so schmal war, mitsamt den beiden Stühlen an die Wand neben der Tür, sodass der Raum zum gegenüberliegenden Fenster hin großzügig wirkte. An der rechten Wand standen nur das zierliche Eisenbett, daneben eine echte Jugendstillampe und ein hüfthoher, elegant geschwungener Blumenständer aus den frühen 30ern, den ich als Nachttisch zweckentfremdet hatte. An der linken Wand stand ein zum Bett passendes Regal mit Büchern, Pflanzen, zwei Plastiken, diversen Andenken und anderem Krimskrams, rechts daneben ein hoher, schmiedeeiserner, achtarmiger Kerzenleuchter, den ich zwar nie benutzte, der aber sehr dekorativ aussah, und in der Ecke neben dem Fenster eine große Zimmerpalme. Die Vorhänge waren aus weinrotem Brokat mit eingewebten Goldfäden, und an den Wänden hingen zwei Klimt-Drucke, einige Zeichnungen und ein leicht erblindeter, goldgerahmter Spiegel vom Flohmarkt.

Lange Zeit studiert Leon die Bilder, die den Raum aus verschiedenen Winkeln zeigen. Dann schüttelt er den Kopf und murmelt, ohne mich anzusehen: »Ich weiß gar nicht, was ich sagen soll ...«

»Oh«, mache ich etwas gekränkt. »Findest du's so schlimm?«

»Nein«, sagt er leise, immer noch meinen Blick meidend. »So schön. Das ist wunderschön. Mehr als ich erwartet habe. Ich dachte nicht, dass du so ...« Mit einer hilflosen Geste bricht er ab.

»Was?«, hake ich nach. »Was wolltest du sagen?«

Er schweigt lange, den Blick immer noch auf die Fotos gerichtet. Dann blickt er auf und macht eine weit ausholende Geste zu den Bauernmöbeln hin.

»Wie kannst du das hier ertragen? Ich meine, was ...« Wieder bricht er ab, schüttelt den Kopf und sagt im resigniert-tadelnden Tonfall eines Arztes, der seinen Lungenkrebspatienten gerade beim Rauchen erwischt hat: »Was machst du bloß? Was tust du dir an?«

»Wie meinst du das?«

»Na, das hier! Das bist doch nicht du! Dieses Ordentliche, Biedere ... Das alles, das bist nicht du!« Als er mich jetzt voll ansieht, kann ich seinen Blick nicht recht deuten. Er sieht wütend aus, gleichzeitig auch traurig. Er richtet sich voll auf und setzt an, noch etwas zu sagen, doch dann sinkt er wieder in sich zusammen und schweigt verbissen.

»He, was ist denn?«, frage ich und berühre leicht seine Hand.

»Nichts«, sagt er unwirsch. »Nichts.« Dann blättert er in der Fotomappe weiter, sieht sich flüchtig die Bilder von der Einweihungsparty an und stoppt bei einem, auf dem Egbert und ich zusammen in der Küche zu sehen sind. Egbert hält in der Rechten eine Schüssel Salat, mit der Linken zieht er mich an sich, und wir sehen uns lachend an.

»Ist er das?«, fragt er, und als ich nicke, sagt er mit widerwilliger Anerkennung: »Sieht ja ziemlich gut aus.«

»Liegt in der Familie«, sage ich achselzuckend. »Du solltest mal seinen Vater sehen – Robert Redford wie aus dem Gesicht geschnitten.«

»Aha«, macht Leon mit verkniffenem Gesicht. »Du stehst also mehr auf den blonden Typ?«

»Nein, gar nicht! Ich meine, es ist mir im Prinzip egal, aber eigentlich eher auf dunkle.«

»Ah-ja?«, lächelt er prompt wieder und fährt sich bedeutungsvoll über seine kurzen schwarzen Stoppeln.

»Ich könnte sie auch ein bisschen länger tragen«, bietet er an. »Wenn dir so was gefällt ...«

»Es gefällt mir, wie es ist«, sage ich mit trockenem Mund, denn ich erinnere mich an das Gefühl dieser weichen Bürste an meiner nackten Haut, an meinem Bauch, meinen Schenkeln, meinen Brüsten ...

»Aber er ist *jung*«, sagt Leon etwas wehmütig.

»Schon. Aber dir sieht man auch nicht an, dass du scharf auf die Vierzig zugehst.«

»Findest du?«, macht er sichtlich geschmeichelt. »Wie alt würdest du mich denn schätzen, wenn du's nicht wüsstest?«

»Ach, du könntest locker für dreißig durchgehen.«

»Echt?«, fragt er begierig. »Du meinst, ich wirke so viel jünger?«

»Im Moment wie ein Zwölfjähriger«, grinse ich, amüsiert über seinen Hunger nach Bestätigung.

»Verarschen kann ich mich alleine!«, mault er, aber in seinen Augen blitzt schon das Lachen auf. Seine Augenbrauen schnellen hoch, und mit dunkler Stimme sagt er: »An deiner Stelle würde ich ja nicht so eine dicke Lippe riskieren.«

»Bah, was kannst du mir schon tun?«, provoziere ich ihn, und der Blick, den er mir daraufhin zuwirft, lässt heiße Schauer über meine Haut laufen. Ich vergesse Egbert, dieses Zimmer, alles um mich herum!

Ehe ich mich versehe, hat er mich gepackt und mich auf den Bauch gewälzt. Dann setzt er sich mit gespreizten Beinen auf meinen Po und dreht mir den Arm auf den Rücken.

»Entschuldige dich!«

»Niemals!«

»Du wirst dich entschuldigen!«

»Au! Aua! Lass los!«

»Erst wenn du dich entschuldigt hast!«

»Aua! Au! Ich entschuldige mich ja! Ich entschuldige mich!«, kreische ich. »Ich entschuldige mich für meine Bemerkung ...«

»Extrem vorlaute und unangebrachte Bemerkung«, korrigiert er und drückt meinen Arm weiter nach oben.

»Au! ... für meine extrem vorlaute und unangebrachte Bemerkung ...«

»... die ich aus purer Bosheit und Rachsucht von mir gegeben habe ...«, souffliert er.

»... die ich aus purer Bosheit und Rachsucht von mir gegeben habe ...«

»... um meinen Herrn und Gebieter zu kränken – das bin ich doch, dein Herr und Gebieter, nicht wahr?«

»Ja! Ja! ... um meinen Herrn und Gebieter zu kränken ...«

»Und?!« Er schließt die Finger noch fester um mein Handgelenk. Noch drückt er nicht weiter nach oben, aber ich zweifle keine Sekunde, dass er es tun wird, wenn ich mir nicht ganz schnell etwas einfallen lasse.

»Und es tut mir wirklich, *wirklich* leid!«

»Und?!«

»Und ... äh ... ich bereue es! Ganz ehrlich!«

»Und?!«

»Ich werde es nie wieder tun!«

»Und?!«

»Ich werde es wieder gutmachen.«

»Ach! Und wie?«

»Indem ich dir die reine Wahrheit sage ... über dein Aussehen... wie sehr du mir gefällst ...«, sage ich so verführerisch, wie es mir in meiner misslichen Lage eben möglich ist. »Lass mich los, ja?«

Er zögert einen Moment, dann gibt er meinen Arm frei. »Also gut«, sagt er und lässt sich neben mich auf den Rücken fallen. Erwartungsvoll blickt er mich an, während ich auf die Knie komme, mich aufrichte und meinen Arm ein paarmal hin- und herdrehe, um die verspannten Muskeln zu lockern. Dann fahre ich mit den Händen unter seinen Pullover und schiebe ihn hoch, soweit es geht. »Du siehst toll aus, ja, wirklich, das tust du!«

Er wendet sich hin und her, hilft mir, ihm den Pullover abzustreifen. Ich beuge mich über ihn, lasse meine Hände an seinem nackten Oberkörper emporgleiten und küsse seine Brust. »Du hast einen schönen Körper ... hier ... und da ... und da ... überall! Bauch, Schenkel, Po, Arme alles fest, muskulös, aber nicht zu sehr, genau richtig. Und deine Haut ist glatt und straff ... Dein Körper: keinen Tag älter als fünfundzwanzig — ich schwöre!«

Ich nehme seine rechte Hand, küsse sie außen und innen und dann jeden einzelnen Finger. »Deine Hände sind auch schön: kraftvoll und elegant mit den langen, geschmeidigen Fingern ... Dreißig, vielleicht fünfunddreißig Jahre, würde ich schätzen ... Aber das liegt daran, dass sie so gepflegt sind — weil: Welcher Fünfundzwanzigjährige geht schon zur Maniküre?« Ich nehme nacheinander seinen Zeige- und Ringfinger zwischen die Lippen. »Aber bei den Händen zählt ja nicht nur das Aussehen, sondern vor allem die Erfahrung, und die schätze ich auf ... na, sagen wir ... zweihundert?«

Er lacht geschmeichelt, und ich lasse mich auf ihn sinken, betrachte sein Gesicht aus nächster Nähe. »Nicht mal hier sieht man dein richtiges Alter, höchstens, wenn man ganz genau hinguckt.« Ich fahre mit den Fingerspitzen zart über die feinen Fältchen in den Augenwinkeln und die etwas tieferen auf der Stirn, was ihm ziemlich unangenehm ist.

»Und wenn da Gräben wären, wär' das auch egal«, flüstere ich zärtlich, »wo dein Mund so weich ist, so schmelzend, süß wie Schokolade, und dann wieder so fordernd und wild und hart ... Und deine Augen können alles, lachen, streicheln, liebhalten, befehlen, verachten, grausam sein, alles, alles ...«

Mit dem Zeigefinger fahre ich an seiner Nase entlang. »Das hier, na ja, das ist schon ein ziemlicher Klotz, aber es heißt ja: an der Nase des Mannes ... Und das trifft bei dir ja zu: groß, mächtig ...«, meine Rechte wandert ganz von selbst zu der Schwellung in seiner Hose. »Und immer hart, wie bei einem Sechzehnjährigen – bloß mit mehr Ausdauer.«

»Man tut, was man kann«, murmelt er bescheiden, aber das stolze Grinsen in seinem Gesicht spricht Bände.

Dann wird mir auf einmal unsere Position bewusst, ich auf ihm, meine Hand, die durch den Stoff seinen Schaft befühlt, während er vollkommen passiv daliegt und mich abwartend anlächelt, und ich erstarre vor Verlegenheit.

»Was?«, fragt er belustigt, nachdem ich mich eine Weile weder gerührt noch etwas gesagt habe. »Was jetzt?«

Als ich daraufhin immer noch nicht reagiere, blitzen seine Augen spöttisch. »Willst du mich nehmen? Willst du dich auf mich setzen und mich vögeln?«

Statt einer Antwort erröte ich nur heftig, wie ich mir einbilde, von den Haarwurzeln bis hinunter zur Brust. Verlegen gebe ich einen verneinenden Laut von mir, was ihn zum Lachen bringt, aber anscheinend auch erregt, denn ich spüre ein heftiges Zucken unter meiner Hand.

»Ah, das liegt dir wohl nicht?«, fragt er rau. »Du möchtest lieber dein Spiel ... wieder unten sein, ja? Soll ich dir befehlen? Dich ein bisschen quälen? Ich tu das gern, das weißt du.«

»Ahh!«, stöhne ich unterdrückt, denn die Lust in seiner Stimme, die abgerissen gesprochenen Worte wirken, als hätte er mich an meiner empfindlichsten Stelle berührt.

»Irgendwann werde ich dir vielleicht beibringen, wie man einen Mann nimmt«, fährt er heiser fort, »wie du ihn benutzen, dich an ihm befriedigen kannst. Aber dieser Mann werde nicht ich sein. Dafür besorge ich dir einen Sklaven. Bei mir wirst du niemals oben sein, sondern immer unten, das ist dir doch klar, nicht?«

»Ja«, keuche ich.

»Willst du das, ja? Willst du, dass ich dich beherrsche?«, murmelt er erregt. »Oh, ich will dich beherrschen! Ich will dich demütigen, dir wehtun, dich zum Weinen bringen! Vielleicht mehr, als dir lieb ist ...«

»Aahhh!«

»Kann ich?«

»Ja. Ja!«

»Ich kann alles mit dir machen?«

»Ja.«

»Sag es!«

»Mach mit mir, was du willst.«

»Das tu ich«, verspricht er, packt meinen Arm und zieht meine Hand von seinem Schwanz weg. »Als erstes möchte ich dir eine Lektion in Sachen Respekt erteilen.« Vielsagend betrachtet er meine Hand, die er noch immer am Handgelenk hält. Dann schubst er mich mit einer Drehung seines Körpers von sich herunter und setzt sich auf die Bettkante.

»Komm hierher«, befiehlt er und deutet auf den Platz zwischen seinen Füßen. Gehorsam rutsche ich vom Bett und stelle mich zwischen seine gespreizten Schenkel. Er öffnet den Bademantelgürtel, ohne mich mehr als nötig zu berühren. »Zieh das aus.«

Ich lasse den Mantel von meinen Schultern gleiten und zu Boden fallen. Nackt stehe ich vor ihm, bebend vor Lust. Er bedeutet mir mit einer Geste, mich zwischen seine Füße zu knien, und so lasse ich mich auf den Boden herab. Dann fasst er mit einer Hand unter mein Kinn und hebt mein Gesicht zu sich auf. »Sag mir, was hast du gestern gelernt?«

Auf die Frage war ich nicht gefasst, und bei allem, was passiert ist, fällt mir so schnell nichts Konkretes ein. Vor Erregung kann ich sowieso nicht mehr vernünftig denken, also stottere ich bloß ziemlich wirres Zeug daher. Missbilligend blickt er mich an, was mich nur noch mehr irritiert und schließlich verlegen verstummen lässt.

»Einfach erbärmlich«, tadelt er, packt mich unter den Armen und wirft mich über seinen linken Schenkel. Von meinen Schmerzenslauten ungerührt verpasst er meiner noch sehr empfindlichen Kehrseite an die zwanzig harte, laut klatschende Schläge mit der flachen Hand. Dann schubst er mich wieder zurück auf den Boden und sagt kühl: »Ich hoffe, dass das deiner Erinnerung wieder auf die Sprünge geholfen hat. Was habe ich dich gestern mit der Gerte gelehrt?«

Der Nachschmerz der Schläge schickt Hitzewellen durch meinen Körper, und der kühle, gelassene Blick, mit dem er mich beobachtet, lässt meine Haut am ganzen Körper prickeln. Zwischen meinen Schenkeln pocht es wie wild.

»Schamlos zu sein?«, stoße ich atemlos hervor.

»Na also, es geht doch!«, nickt er. »Sehr gut. Und worauf genau bezog sich das? Ging es darum, dass du dich offenherziger kleidest, oder was?«

»Na ja ... ich sollte posieren und dabei alles zeigen ... mich aufreizend bewegen ... mich dir anbieten ... und dir sagen, dass ich es brauche ...«

»Sehr gut«, sagt er. »Es ging also darum, wie du dich mir anzubieten, wie du mich aufzureizen hast. Und was ist das für eine Art von Verhalten? Jemanden herausfordern, ihn anlocken – ist das eher aktiv oder passiv?«

»Ähm ...«, überlege ich und frage mich, worauf er hinauswill. »Passiv?«

»Ganz genau«, nickt er. »Es ist passiv. Und einem Mann die Hand auf den Schwanz legen – was ist das? Aktiv oder passiv?«

»Wohl eher aktiv.«

»Richtig«, nickt er. »Und? Habe ich dir gesagt, dass du aktiv werden sollst? Habe ich dich das gelehrt?«

»Na ja, so direkt nicht ...«, gebe ich zu. »Aber du hast auch nicht gesagt, dass ich nicht soll. Ich meine, das ist doch auch schamlos.«

»Nun, das kommt auf den Blickwinkel an«, belehrt er mich. »Ich gebe dir ein Beispiel. Kann die Magd dem Stallknecht einfach an den Schwanz fassen, wenn sie geil auf ihn ist? Ja – denn sie haben den gleichen Rang. Aber kann die Magd auf die gleiche Weise dem Gutsherrn an die Hose gehen? Natürlich nicht! Selbst wenn sie weiß, dass er sie will, darf sie ihm nur Signale geben, sich ihm anbieten. Alles andere wäre respektlos. Er steht weit über ihr, und deshalb kann sie sich nicht einfach nehmen, was sie will, verstehst du? Was sagt dir das jetzt in Bezug auf dich und mich?«

»Dass es falsch war, dich einfach anzufassen«, fasse ich gehorsam zusammen.

»Weil?«

»Weil du weit über mir stehst und es deshalb respektlos von mir war.«

»Und?!«

»Es tut mir leid. Entschuldigung.«

»Tja«, sinniert er kopfschüttelnd, »ich glaube aber nicht, dass ich mich hier mit einer einfachen Entschuldigung zufriedengeben kann. Immerhin hast du mich wie einen niederen Stallknecht behandelt. Ich weiß, das war keine Absicht. Du hast es nicht besser gewusst, und deshalb will ich dich auch nicht allzu hart bestrafen. Aber ich meine, dass es nur gerecht ist, wenn jetzt die Demütigung, die du mir zugefügt hast, auf dich zurückfällt. Was meinst du? Ist das fair?« Eine rhetorische Frage, denn er spricht, ohne meine Antwort abzuwarten, einfach weiter: »Und zwar will ich, dass du dich da vorne hinstellst und fünfzigmal in die Luft springst.«

Ich starre ihn verständnislos an, glaube, mich verhört zu haben, aber er hat offenbar mit dieser Reaktion gerechnet und fährt im vertraulichen Plauderton fort: »Weißt du, eine Bekannte hat mir mal erzählt, dass sie in der Schule so bestraft wurde. Sie musste nach vorne kommen und dann ein paarmal vor der ganzen Klasse in die Luft springen. Sie meinte, das wäre unglaublich demütigend gewesen. Nun, ich kann mir vorstellen, dass es nicht sehr angenehm ist, aber ist es wirklich so erniedrigend? Ich wollte das immer schon mal überprüfen, und das scheint mir jetzt eine gute Gelegenheit.«

»Aber ... aber das ist ...«, fange ich an zu stottern.

»Jaja, ich weiß, was du sagen willst«, unterbricht er mich heiter. »Es ist keine Klasse hier, sodass du dich jetzt nur vor mir lächerlich machst, aber ich dachte, das wird dadurch wieder ein bisschen ausgeglichen, dass du es nackt tun musst.«

»Nein!«, rufe ich aus. »Das ist ... Das wollte ich nicht sagen!«

»Nicht?«, fragt er übertrieben erstaunt. »Was dann?«

»Ich ... ich wollte sagen, dass das dann nicht mehr ... Ich meine das Spiel, es ist nicht mehr ...«

»Was?«, fragt er freundlich. »Was ist das Spiel nicht mehr?«

»Erotisch«, murmele ich kaum hörbar.

»Na ja, für dich vielleicht nicht«, grinst er breit. »Aber ich finde die Vorstellung durchaus stimulierend.« Dann wird seine Miene wieder ernst. Seine Stimme klingt immer noch freundlich, doch ein harter, unbeugsamer Unterton schwingt mit, als er sagt: »So, jetzt stell dich mal da hin und fang an. Fünfzig Mal, wie gesagt.«

Das Ganze kommt mir so absurd vor, dass ich einfach nicht glauben kann, dass er es wirklich ernst meint. Ich rechne fest damit, dass er jeden Moment sagt: »Haha, war doch bloß Spaß!« Aber er sagt überhaupt nichts, sondern nickt mir nur auffordernd zu. Er will das tatsächlich!

»Aber das ist doch einfach bloß albern und hat überhaupt nichts ... Erotisches«, versuche ich, meinen Standpunkt noch mal klarzumachen. »So was regt mich überhaupt nicht an.«

»Das tut im Moment nicht das geringste zur Sache!«, entgegnet er scharf. »Also los, beweg dich!«

»Nein, so nicht«, schüttle ich widerspenstig den Kopf. »So will ich das nicht. Ich meine, das mach' ich nicht. Kommt nicht in Frage.«

Ganz ruhig sieht er mich an und nickt bedächtig: »Okay.« Dann schweift sein Blick ab, und eine ganze Weile schaut er wortlos an mir vorbei ins Leere.

Ich beobachte sein Gesicht und frage mich, ob das Spiel jetzt fürs erste beendet ist oder ob er sich gerade eine neue Richtung überlegt, aber seine Miene ist völlig unbewegt und verrät gar nichts. Da anscheinend nichts mehr passiert, will ich gerade aufstehen, als er völlig unvermittelt aufspringt, mich packt und aufs Bett wirft. Ich lande quer darauf und ziemlich weit am Fußende. Völlig überrumpelt liege ich einfach nur da, während er um das Bett herumläuft, mir die rechte Hand über den Kopf zieht, den unteren Teil der Decke über mich schlägt und mich dann vom Fußende her fest in mein Steppbett einrollt. Es geht alles blitzschnell, und nun liege ich auf einmal in meiner Deckenhülle am oberen Bettende. Er wirft die Kopfkissen und die zweite Decke auf den Boden und reißt das Laken am Kopfende heraus. Dann werde ich wieder in die Gegenrichtung gerollt, sodass sich das Laken fest um mich und die sowieso schon eng anliegende Decke wickelt, wodurch diese nochmal fixiert wird. Dabei fällt das Laken über mein Gesicht und meine Füße, die zuvor herausgeschaut haben.

Mit der rechten Hand, die sich noch im Freien befindet, versuche ich, das Laken von meinem Gesicht wegzuzerren, was aber nicht gelingt, weil die Decke mein Schultergelenk so eng umspannt, dass ich den Arm nur wenig bewegen kann. Da das Laken mir nicht nur die Sicht nimmt, sondern auch das Atmen erschwert, zapple ich wild herum, um mich zu befreien. Als ich gerade einen panischen Schrei ausstoßen will, werden die Stofflagen von meinem Gesicht heruntergezogen und unter meinem Kinn festgestopft. Dann wird an mir und meiner Umhüllung gezogen und gezerrt, bis ich diagonal im Bett liege, den Kopf Richtung Fußende, sodass sich jetzt auch meine rechte Hand, die zuvor über die Kante hing, auf der Matratze befindet.

»So, das hätten wir«, sagt er und blickt, neben dem Bett stehend, sehr befriedigt auf sein Werk herab. »Wie gut, dass du keine einzelnen Spannbettlaken draufhast, sondern so ein schönes großes.«

Doch ich bin weit davon entfernt, seine Begeisterung zu teilen. Einigermaßen verwirrt frage ich mich, was diese ganze Aktion soll. Was kann er schon mit mir anstellen, da er mich vom Kopf abwärts komplett verpackt hat? Nichts, was meine Lust zurückbringen wird, die mir vergangen ist, seit er mit dieser albernen Hüpferei angefangen hat, soviel ist sicher!

»Und jetzt? Was hast du mit mir vor?«, erkundige ich mich misstrauisch.

»Na, was wohl?«, fragt er barsch zurück und sieht mir kalt in die Augen, während er seinen Gürtel öffnet und ihn mit einem Ruck aus den Schlaufen zieht. »Ein bisschen Hüpfen zu meiner Belustigung wäre ja nun wirklich nicht so schlimm gewesen. Aber das wird dir noch leidtun«, sagt er grimmig, und die Art, wie er mein Gesicht mustert, seinen Blick abschätzend über Stirn, Wangen und Kinn schweifen lässt ...

»O Gott! Nicht mein Gesicht! Nicht ins Gesicht!«, schreie ich entsetzt und strample wie wild, um mich aus der Bettwurst zu befreien – natürlich erfolglos. Ich bin ihm vollkommen hilflos ausgeliefert!

Schnell presst er mir die Hand auf den Mund und herrscht mich an, still zu sein.

»Wenn du so einen Lärm machst, muss ich dich knebeln.«

»Oh, bitte, bitte, nicht ins Gesicht! Schlag mich nicht ins Gesicht!«, kreische ich panisch in seine Hand.

»Wofür hältst du mich eigentlich?«, fragt er tadelnd. »Ich würde dich nie ins Gesicht schlagen. Außerdem: Warum auch? Dein Gesicht hat ja nichts Falsches getan.« Er wartet, bis die Botschaft in mein Bewusstsein eingesickert ist, dann lässt der Druck seiner Hand auf meinen Mund etwas nach, ohne jedoch ganz zu verschwinden. »Wirst du jetzt still sein?«

Ich deute mit den Augen ein Nicken an, woraufhin er meinen Mund zögernd freigibt. Als ich nicht wieder zu schreien beginne, nickt er. Er beugt sich über mich, legt meine oben aus dem Bündel herausragende Hand zurecht und verkündet: »Zehn in die offene Hand.«

Erleichtert denke ich: Zehn bloß? Na, das hätte schlimmer kommen können!

Mit seiner nervtötenden Art, meine Gedanken zu lesen, sagt er lächelnd: »Freu dich nicht zu früh. Es wird sehr, sehr wehtun.« Sanft streicht er mir über die Stirn. »Wirst du tapfer sein? Du darfst nicht schreien, denn wenn du's tust, muss ich dir was in den Mund stopfen. Wir wollen doch deine Nachbarn nicht beunruhigen.«

Ich nicke, denn der Gedanke, nicht nur völlig bewegungsunfähig, sondern auch noch geknebelt zu sein, macht mir Angst. Außerdem denke ich in diesem Augenblick immer noch, dass zehn Schläge ja nun wirklich nicht die Welt sind, im Vergleich, was meine Rückseite gestern abgekriegt hat. Allerdings lässt sein mitfühlender Blick, als er mir noch einmal sanft über die Wange streicht, langsam in mir den Verdacht aufsteigen, dass ich die Sache vielleicht doch unterschätzt habe.

Mit einem mulmigen Gefühl beobachte ich, wie er sich neben dem Bett aufstellt und mit den Augen Maß nimmt. Dann holt er weit aus, und der Riemen saust herunter. Ich sehe ihn kommen, und reflexhaft zuckt meine Hand ein Stück weg. Dumpf trifft das Leder auf die Matratze.

Mit einem kleinen amüsierten »Na!«, schüttelt er den Kopf. »Jeder anderer würde dir fürs Wegzucken noch ein paar mehr geben.«

Er breitet meine Hand wieder in der richtigen Lage aus. »Aber ich will mal nicht so sein. Nicht beim ersten Mal. Wenn das allerdings nochmal passiert, bin ich nicht mehr so großzügig. Dann bekommst du für jedes Wegzucken fünf mehr. Wirst du's jetzt hinkriegen, oder soll ich dir helfen und deine Hand fixieren? Wenn ich dir helfen muss, kriegst du fünfzehn, und das war's. Ansonsten liegt es bei dir, und wenn du dich gut beherrschen kannst, kommst du mit zehn davon.«

Während er recht freundlich auf mich herabsieht, brodelt in mir die Wut. Das Schlimmste ist: Ich kann ihm noch nicht mal die Schuld geben. Es war meine eigene Dummheit, denn ich habe ja vorher zugestimmt, habe ihm den Freibrief gegeben, dass er alles mit mir tun kann. Er hat sogar extra nochmal nachgefragt, und ich habe ja gesagt. Die Erregung, die ich in dem Moment gefühlt habe, hat mich dazu gebracht, und natürlich hatte ich erwartet, dass es so sein würde wie gestern oder heute Morgen, auch schmerzhaft und erniedrigend, aber eben so, dass es mir Lust macht. Und er kennt mich so gut! Er weiß genau, was mich erregt, aber das lässt er mit Absicht aus, mutet mir stattdessen dies hier zu, und ich kann nichts dagegen tun. Er hat mich in eine völlig wehrlose Lage gebracht, hat mich ganz in der Gewalt, und jetzt muss ich mitspielen, weil es sonst nur noch schlimmer wird. Es bleibt mir gar nichts anderes übrig.

Offenbar gelingt es mir nicht, meine Wut zu verbergen, meine Gesichtszüge und vor allem die Augen unter Kontrolle zu halten. Er kann in mir lesen wie in einem offenen Buch.

Er setzt sich auf die Bettkante und streichelt mit der Rückseite des Zeigefingers meine Wange. »Ich weiß, du hasst mich jetzt«, sagt er sanft. »Das Spiel ist nicht geil für dich. Glaub nicht, dass mir das nicht klar wäre. Aber ich weiß, was ich tue, und ich tue es mit einem bestimmten Ziel. Du kannst kneifen und dein Wort sagen, oder du kannst mir vertrauen.«

Das Wort! Das hatte ich ganz vergessen!

Wütend und hilflos, wie ich bin, sehe ich zuerst nur die Möglichkeit, der Situation zu entkommen. Das Wort liegt mir schon auf der Zunge, als mir klar wird, dass er mich nun wirklich nicht daran hätte erinnern müssen, dass es für mich einen Ausweg gibt. Er hat mich ganz in seiner Gewalt, er könnte Gottweißwas mit mir anstellen, weil ich ihm die Erlaubnis dazu gegeben habe. Warum macht er mir jetzt bewusst, dass ich eine Wahl habe?

»Ich wünsche mir, dass du mir vertraust«, beantwortet er von sich aus meine stumme Frage. »Ich kann alles mögliche von dir erzwingen, aber nicht dein Vertrauen. Das musst du mir geben. Kannst du das?«

»Ja«, sagt mein Mund ohne mein Dazutun – eine dumme, spontane Reaktion auf seine eindringlichen Worte und seinen Blick, der ernst und voller Zärtlichkeit auf mir ruht.

»Danke«, sagt er schlicht und küsst mich weich auf den Mund. »Gleich wirst du mich erst mal wieder hassen, aber ich verspreche dir, dass du es am Ende nicht bereuen wirst.«

Das tu ich jetzt schon, denke ich mit einem sinkenden Gefühl in der Magengrube, während er geschäftig aufspringt und heiter fragt: »Und? Wie sieht's jetzt aus? Fünfzehn mit Hilfe oder zehn und das Risiko?« Er lächelt ein klein wenig boshaft. »Ich an deiner Stelle würde die fünfzehn nehmen, bei deinen Reflexen ...«

Nachdem ich eine Weile unentschlossen geschwiegen habe, interpretiert er dies als Zustimmung und stellt seinen beschuhten Fuß auf meine Fingerspitzen, wodurch mein Handrücken fest an die Matratze gepresst wird. »Und nicht schreien«, ermahnt er mich noch einmal.

Ich beiße die Zähne fest zusammen und konzentriere mich ganz darauf, sie aufeinandergepresst zu halten, aber trotzdem entkommen meinem Mund ein paar ziemlich schrille Laute der Qual, als der Riemen wieder und wieder mit voller Wucht auf meine Hand niedersaust. Obwohl ich schon geahnt habe, dass ich die Sache zu leicht genommen habe, bin ich nicht ansatzweise gefasst auf den wahnsinnigen Schmerz, den die mit schonungsloser Härte verabreichten Hiebe auslösen. Hätte ich es gewusst, hätte ich mich freudig der Lächerlichkeit preisgegeben und wäre gehüpft, auch hundertmal, zweihundertmal, tausendmal, und als Zugabe hätte ich auch noch lustige Grimassen geschnitten!

Er zieht es nicht in die Länge, sondern schlägt in schnellem Tempo zu, sodass es in weniger als einer Minute vorbei ist, aber ich kann ohne weiteres sagen, dass es die schmerzhafteste Minute meines Lebens war! Mir ist flau im Magen, und einen Moment glaube ich, dass ich mich übergeben muss. Doch die Übelkeit geht schnell vorbei, und nachdem er mich ausgewickelt und das Bett wieder gerichtet hat und ich ein bisschen in seinen Armen gejammert und geklagt habe, fühle ich mich auf merkwürdige Weise gestärkt. Es ist ein leichtes, schwebendes Gefühl, in das sich merkwürdigerweise fast so etwas wie Dankbarkeit mischt. Er hält mich fest und sicher, und ich spüre mit erhöhter Sensibilität seinen warmen, starken Körper an meinem, seine glatte Haut, seine festen Muskeln und das Pochen seiner Halsschlagader an meiner Stirn. Verlangen steigt in mir auf, sacht zuerst, ausgehend von seiner Hand, die zart meinen Rücken streichelt, bis es sich schließlich ausbreitet und meinen ganzen Körper heiß durchströmt. Begehrlich dränge ich mich an ihn, lasse meinen Mund an seinem Hals aufwärtswandern, hin zu seiner Wange, seinem Mund, aber er weicht dem Kuss aus und schiebt mich ein Stück von sich weg. Ernst sieht er mir ins Gesicht und fragt: »Jetzt bist du bereit, es zu tun, nicht?«

»Hm?«, mache ich nur und will mich an seine breite, warme Brust zurückkuscheln, wenn er mich schon nicht küssen will.

Aber er lässt es nicht zu und wiederholt: »Bist du bereit?«

»Wozu denn?«, murmele ich ein klein wenig unwillig, weil er mir seine Nähe vorenthält.

»Du hast doch wohl nicht geglaubt, dass es damit erledigt ist, oder?«, fragt er ehrlich erstaunt. »Es steht immer noch fünfzigmal Hüpfen aus.«

»Was?!«, fahre ich auf und starre ihn völlig erschüttert an. »Das ... das meinst du nicht wirklich, oder?«

»Aber sicher!«, nickt er kühl. »Da gibt es doch gar kein Vertun.«

Als ich darauf nicht reagiere, sondern ihn nur weiter anstarre, schubst er mich ganz von sich weg und springt vom Bett. Unsanft zerrt er mich ebenfalls herunter, stellt mich auf die Füße und herrscht mich an: »Ich hab jetzt endgültig genug von deinem Theater! Los! Setz dich in Bewegung! Aber ganz schnell!«

Immer noch bin ich wie gelähmt, und eine Weile lang stehen wir uns so gegenüber, ich verwirrt und verletzt, er voller Ungeduld. Ein paarmal tappt er mit dem Fuß auf den Boden, dann wendet er sich achselzuckend von mir ab. Wortlos hebt er seinen Pullover auf, der auf den Boden gefallen ist, und streift ihn sich über. Er nimmt seinen Gürtel vom Nachttisch, fädelt ihn durch die Schlaufen an seiner Hose und schließt die Schnalle. Dann zieht er sein Sakko von der Bank am Bett und strebt mit einem gleichgültig hingeworfenen »Na, dann ...« zur Tür.

Ich starre auf seinen sich entfernenden Rücken, und mir ist, als würde alles Leben mit einem Mal aus mir herausfließen.

»Nein!«, höre ich mich mit einer hohen, dünnen Stimme sagen, die mir ganz fremd vorkommt. »Geh nicht, bitte!«

»Wieso nicht?«, fragt er kalt, ohne sich umzuwenden. »Du hast versprochen, mir zu vertrauen, aber du kannst es offenbar nicht.«

»Doch!«, rufe ich verzweifelt und mache einen kläglichen Hüpfer. »Ich mach's ja, ich mach's! Guck!«

Ich hasse mich dafür, dass ich es tue, und ihn dafür, dass er das von mir verlangt, aber ich will nicht, dass er geht, ich könnte es einfach nicht ertragen!

Er wendet sich zu mir um, bleibt jedoch an der Tür stehen – eine stille Mahnung, dass er sich noch nicht endgültig entschieden hat zu bleiben.

Unter seinem durchbohrenden Blick fange ich an zu hüpfen, meine geschwollene Rechte mit der Linken festhaltend, um den Schmerz abzumildern, den die Erschütterung bei jedem Auftreffen auf den Boden auslöst. Eigentlich sollte mir diese vergleichsweise geringfügige Demütigung nicht so viel ausmachen, nachdem ich mich bereits zu einem Tier, einem bloßen Loch erniedrigt habe, aber trotzdem bin ich zutiefst verletzt. Ich versuche, mich wegzudenken und die Tränen zurückzuhalten, während ich mechanisch springe und zähle, aber es gelingt mir nicht. Das Zimmer, er, alles verschwimmt vor meinen Augen, ich kann kaum mehr das Gleichgewicht halten, und als es vorbei ist, gebe ich einfach nach, lasse mich auf den Boden fallen und heule.

Er ist gleich bei mir, zieht mich wieder hoch, trägt mich zum Bett und legt mich darauf. Schnell zieht er seine Schuhe aus, streift sich den Pullover wieder ab und legt sich neben mich, nimmt mich fest in die Arme. »Ist ja schon gut, ist ja schon gut«, murmelt er mit von Zärtlichkeit erstickter Stimme. »Das war gemein, ich weiß. Aber ich musste das machen. Ich musste wissen, ob du mir folgen würdest, verstehst du? Aber jetzt ist es vorbei. Ich halte dich, ich halte dich ganz fest, bis es wieder gut ist. Alles wird wieder gut.« So redet er beruhigend auf mich ein, drückt mich an seine nackte Brust und hüllt mich mit seinem warmen Körper ein, und als nur noch vereinzelte kleine Schluchzer kommen, wischt er meine nassen Wangen mit der Hand trocken und küsst mich sanft auf den Mund, immer und immer wieder.

Doch ich bin nicht in der Stimmung, seine Küsse zu erwidern, und drehe meinen Kopf schmollend weg.

»Schon gut, hör mir zu.« Sanft streicht er mir eine Haarsträhne aus dem Gesicht. »Ich musste wissen, ob du dich mir auch unterwirfst, wenn es nicht nach deinem Drehbuch geht, wenn du keine Lust daran hast. Als ich dich vorhin gefragt habe, ob es nur Sex ist zwischen uns, konntest du mir keine Antwort geben. Aber ich wollte es wissen, und deshalb hab ich das mit dir gemacht.«

»Ach, und was ist jetzt bewiesen?«, fahre ich ihn wütend an. »Was bildest du dir eigentlich ein? Du weißt überhaupt nichts! Gar nichts!«

»Ach, ich glaube, doch«, schmunzelt er. »Das Wesentliche, worauf es mir ankam, hab ich rausgefunden.«

»Und das wäre?«

»Na, überleg mal«, sagt er nachsichtig. »Ich hab dir ein Spiel angeboten, das du nicht wolltest, das dich definitiv nicht erregt, und du hast trotzdem mitgespielt.«

»Angeboten?!«, fauche ich. »Du hast es mir aufgezwungen!«

»Nein, das stimmt nicht«, widerspricht er ruhig. »Ich hab dich sogar daran erinnert, dass du jederzeit aussteigen kannst. Du hast dich zum Weitermachen entschieden. Und das hast du nicht aus Geilheit getan, sondern aus dem Gefühl heraus, das du für mich hast. War es nicht so?«

»Nein, so war es überhaupt nicht!«, schreie ich, erfüllt von Wut und Scham, weil es ihm wieder mal gelungen ist, mich auszutricksen.

»Ah-nein?«, macht er nachsichtig und legt seine Hand auf meinen Bauch. »Wie war es dann?«

»Weiß ich auch nicht!«, brülle ich wutentbrannt und stoße die Hand weg, stoße ihn weg, schlage noch mal hinterher, damit er sich mir nicht wieder nähert. »Aber nicht so! So nicht!«

Amüsiert fängt er meinen Arm ein, drückt ihn nach oben und legt sich halb auf mich, um mich ruhigzustellen. »Doch, genauso war es!«, murmelt er zärtlich. »Du kannst mich nicht täuschen. Ich bin dir allein durch die Jahre überlegen, und wenn du auch aufholen kannst, einholen wirst du mich nie. Ich werde dir immer ein paar Schritte voraussein, und anstatt dich dagegen zu wehren, solltest du dich lieber zurücklegen und es genießen. Das ist es doch, was du eigentlich willst, nicht?«

»Aber nicht auf die Art! Nicht, wenn du mich so behandelst!«, murre ich, noch immer gekränkt, gleichzeitig aber auch schon wieder erregt durch seine Nähe, seine Zärtlichkeit, seine souveräne Art, mit mir umzugehen, mit mir zu reden ...

»Tja, manchmal werde ich das aber müssen«, lächelt er. »Wenn ich zum Beispiel den Eindruck habe, dass du mir die Wahrheit vorenthalten willst. Hättest du mir gleich gesagt, was du für mich fühlst, wäre das alles nicht nötig gewesen. Ich möchte, dass du mir immer vollkommen ehrlich sagst, was in dir vorgeht, alles, jede kleinste Regung.«

»Und was ist mit dir? Wie kannst du Ehrlichkeit erwarten, wo du mich doch die ganze Zeit mit deinen Tricks manipulierst?«

»Das ist nun mal Bestandteil des dominanten Parts«, erklärt er gelassen. »Es würde nicht funktionieren, wenn du mich völlig durchschaust, wenn ich in allem berechenbar für dich wäre. Manchmal ist die Grenze zwischen Spiel und Realität schwer zu ziehen, aber ich bin immer so aufrichtig zu dir, wie ich sein kann, ohne das Spiel zu gefährden. Und du kannst mir glauben, dass ich dich nie belogen habe, was meine Gefühle für dich angeht.«

Ich schweige trotzig, obwohl ich tief in meinem Inneren weiß, dass er recht hat. Es würde nicht funktionieren, wenn ich immer genau wüsste, was in ihm vorgeht, was er denkt, fühlt und plant.

»Das Gefühl der Unterlegenheit ist nicht immer angenehm«, fährt er fort, »aber das ist einfach der Preis, den du zu zahlen hast, wenn du die devote Rolle willst. Wenn du die Verantwortung abgeben möchtest, wenn du willst, dass ich bestimme und entscheide, sodass du nicht mehr nachzudenken, sondern nur zu folgen brauchst, wenn du dich bei mir anlehnen, von mir gehalten und beschützt werden willst, dann musst du mir diese Überlegenheit zugestehen und mir vertrauen. Du musst mir meine Stärke lassen, wenn du schwach sein willst, verstehst du? Du willst doch, dass ich die Führung, die Kontrolle übernehme, damit du dich ganz hingeben kannst, oder?«

Mein Stolz verbietet mir, das zu bejahen, aber dass seine Worte, trotz eines Restes von Ärger, eine starke Wirkung auf mich haben, entgeht ihm natürlich nicht.

»Nun gib's schon zu!« Nachsichtig lächelnd schubst er mich mit seinem Körper an. »Oder muss ich dich erst wieder zwingen? Ich sehe doch, wie sehr dich das anmacht, bloß das Reden darüber. Bestimmt bist du schon wieder ganz nass, wetten?« Er neigt sich über mich, bringt sein Gesicht so nahe an meins, dass sich unsere Lippen fast berühren. »Sag: Ich will deine Überlegenheit und deine Stärke, weil mich das geil macht.«

»Ich will deine Überlegenheit und deine Stärke, weil mich das geil macht«, murmele ich wie hypnotisiert, denn seine Finger streicheln meine Beine aufwärts auf meine Mitte zu.

»So ist es gut!«, lobt er und flüstert dann sinnlich: »Dann hast du dir jetzt wohl eine Belohnung verdient, hm? Möchtest du, dass ich dich belohne?« Seine Finger drängen meine Schenkel auseinander, legen sich um meinen Schoß. »Anscheinend ja!« Und dann mit einem leisen, sinnlichen Lachen: »Meine Güte, du schwimmst mir noch weg!«

Ich muss wohl ein überraschtes Gesicht gemacht haben, denn er greift nach meiner unversehrten Linken und führt sie zwischen meine Beine, damit ich mich selbst überzeugen kann. Dann legt er seine Hand über meine, und stimuliert mich durch den Druck auf meine Finger. Aufstöhnend hebe ich mich den sanften gemeinsamen Bewegungen unserer Hände entgegen.

»Ja! Ah ... ah ... o mein Gott!«

»Du brauchst es nicht gleich zu übertreiben«, neckt er mich und schiebt meine Hand unter seiner weg, damit er mich besser streicheln kann. »Wenn du mich ›Herr‹ oder ›Gebieter‹ nennst, reicht das völlig!« Er umspielt meine Falten mit sanfter Hand, ohne jede Eile und nie sehr intensiv an der entscheidenden Stelle. »Ist das schön, ja? Magst du die Belohnungen, die ich dir gebe?«

»Ja, ja!«

»Ich werde dich immer belohnen, wenn du mir gehorchst, dich mir unterwirfst, gerade wenn's dir schwerfällt ...«

»Ich will dir immer gehorchen!«, bricht es aus mir heraus. »Ich will, dass du mir sagst, was richtig und was falsch ist ... und was ich zu tun habe ... und du sollst ... mich bestrafen ... wenn ich nicht gehorche ... oder auch so ... wenn du es für richtig hältst ... auch ganz hart ... ich will das so ... und dann wieder ... so wie jetzt ... mich halten ... und zärtlich sein ... und diese ... ahhh ... diese wahnsinnige Lust ... o Gott ... ich will dich ... will ... dich ... komm ... komm doch ...«

Hart stößt er zwei Finger in mich hinein, und verlangend zuckt ihm mein Schoß entgegen. »Du willst mich?«, fragt er rau. »Du willst mich hier?«

»Ja«, keuche ich. »Ja! Bitte!«

Er aber schüttelt amüsiert den Kopf und hört auf, mich zu streicheln. »Dass du nicht einfach nach mir grabschen darfst, hast du offenbar begriffen.« Seine Hand liegt warm auf meinen nackten Hügel, jedoch ohne die geringste Bewegung. »Wohl auch, dass du mir immer zu verstehen geben darfst, dass du mich willst. Du darfst mich jederzeit bitten, Sonia, aber es gibt eine bestimmte Form, in der du das zu tun hast, erinnerst du dich?«

Zwar höre ich ihn reden, weiß auch, dass er mir eine Frage gestellt hat, aber die Worte erreichen mich nicht wirklich, denn mein ganzes Bewusstsein konzentriert sich auf seine Hand, wünscht, hofft, dass sie sich wieder in Bewegung setzt. Unwillkürlich heben sich meine Hüften, rollen auf und ab, damit seine Finger, die still an meinen Schoß liegen, wenigstens ein bisschen Reibung erzeugen. Um einfach irgendwas zu sagen, weil er offenbar darauf wartet, stoße ich schwer atmend hervor: »Ich will dich! Ich will dich immer! Bitte ... bitte!«

Da gleiten seine Fingerspitzen endlich wieder zwischen meine Schamlippen. Doch statt der ersehnten Liebkosung zwicken seine Nägel fest in meine empfindlichste Stelle. So stechend scharf fährt der Schmerz durch meinen Unterleib, dass mir die Luft wegbleibt.

»Die Form, Sonia!«, ermahnt er mich. »Wie hast du mich um Sex zu bitten? Was habe ich dich gestern gelehrt?« Wieder beißen seine Nägel zu, nicht ganz so fest, aber immer noch so hart, dass mir Tränen in die Augen springen. Zum Glück fällt mir aber gleich ein, worauf er es abgesehen hat, und so jammere ich in einem Atemzug heraus: »Bitte-fick-mich-ich-brauche-deinen-Schwanz-in-meinem-geiltriefenden-Loch-und-ich-muss-ordentlich-durchgestoßen-werden, bitte.«

»Okay, okay«, lacht er. »Das lasse ich gelten. Aber ein bisschen mehr Fantasie könntest du beim nächsten Mal schon aufbringen!« Die bissigen Nägel, die meine Knospe wie eine Kneifzange umklammert haben, verschwinden. Zart streicheln seine Fingerspitzen den Schmerz weg. »Na, immerhin hast du dich an die Lektion erinnert.«

Meine Augen sind geschlossen, doch ich spüre seinen Blick forschend auf mir ruhen. Als ich die Lider leicht hebe, senkt er seinen Blick in meinen, dringt mit den Augen in mich ein, dass ich das Gefühl habe, er kann bis in die tiefsten Winkel meiner Seele sehen, und nicht mal das erfüllt mich noch mit Scham, nur mit Lust, dem grenzenlosen Verlangen, mich hinzugeben, mich ihm vollkommen und absolut zu unterwerfen, erzogen zu werden ...

»Aber ich hab mich nicht gleich erinnert!«, höre ich mich mit leidenschaftlicher Stimme sagen. »Und deshalb musst du mich bestrafen! Du darfst mir das nicht durchgehen lassen! Schlag mich nochmal! Schlag mich, wie heute Morgen! Zwischen die Beine, richtig fest, dass es wie Feuer brennt! Und dann fick mich! Schlag mich! Fick mich!«

Das spöttische Lächeln ist aus seinem Gesicht gewichen. Seine Augen haben sich verdunkelt, und seine Züge sind hart vor Erregung. Einen Moment noch blickt er mich so an, dann richtet er sich ruckartig auf. Neben meinen Hüften kniend, drückt er mir die Beine auseinander und klemmt das rechte zwischen seinen Schenkeln ein. Mit der linken Hand drückt er gegen das Knie meines linken Beins, sodass ich die Schenkel nicht schließen kann. Zuerst geht eine Serie harmloser Klapse auf meinen Hügel nieder, doch dann werden die Schläge immer nachdrücklicher, kommen schneller und härter. Sein Gesicht verzerrt sich, er fletscht die Zähne, und jetzt holt er weit aus, schlägt mit aller Kraft zu.

»Hör auf! Bitte nicht mehr! Aua! Au!«, jammere ich, aber in Wahrheit will ich nicht, dass er aufhört, denn obwohl es sehr wehtut, erregt es mich auch heftig, nicht nur die Behandlung selbst, sondern auch sein wilder Gesichtsausdruck, seine Lust daran.

Schließlich hört er auf, aber nur um wieder seinen Gürtel zu lösen. Er formt ihn zu einer Schlaufe, packt die beiden Enden mit einer Hand. »Ich muss das jetzt machen!«, stößt er heftig hervor. »Ich muss einfach!«

Ich weiß nicht, ob ich ihn hätte stoppen können, wenn ich es gewollt hätte, aber ich will es gar nicht, obwohl der Schmerz unerträglich ist und ich mir den Mund mit beiden Händen zuhalten muss, um nicht laut zu schreien. Er gibt mir sechs laut klatschende Hiebe, und bei jedem stößt er ein gepresstes »Ahh!« aus, wonach er die Luft wieder zischend einsaugt. Dann lässt er den Gürtel fallen, zieht rasch ein Kondom aus der Tasche, macht seine Hose auf, schiebt sie bis auf die Oberschenkel herunter, streift sich das Gummi über, und dringt mit einem wilden Stoß in mich ein. Er lässt sich auf mich sinken und umschließt meinen Kopf mit beiden Händen.

»Ich konnte nicht anders, ich konnte nicht!«, stöhnt er leidenschaftlich und wühlt seine Zunge in meinen Mund. »Tut's sehr weh? Vielleicht lieber eine Stellung mit weniger Reibung?«

»Nein!«, keuche ich erregt. »Lass es wehtun! Reib dich extra an mir, damit es noch mehr brennt!«

Unter dem Ansturm der Lust schließen sich seine Augen für einen Moment, und mit zusammengepressten Lippen nickt er nur einmal knapp. Dann schraubt er sich tief in mich hinein, und fängt an, mich mit drehenden, reibenden Stößen zu vögeln. Ich rase von Geilheit, stöhne, wimmere, keuche und laufe dermaßen aus, dass bei jeder Bewegung laute schmatzende Geräusche entstehen. Die Nässe brennt auf meiner wunden Haut, aber noch immer reicht es nicht, es kann einfach nicht genug sein.

»Tu mir weh! Mehr noch, mehr!«, ächze ich gierig, woraufhin er auf die Knie kommt, meinen Hintern zwischen seine Schenkel zieht, mir die Beine nach oben drückt, meine Fußknöchel unter seinen Achseln einklemmt und wieder in mich eindringt. Dann packt er meine wunden, glitschigen Schamlippen und zieht sie lang, zwirbelt sie zwischen seinen Fingern, zwickt mit den Nägeln hinein, quetscht sie dann zusammen und reibt damit grob meinen Kitzler, während er mich langen, wuchtigen Stößen bestürmt.

Lust und Schmerz vermischen sich zu einer untrennbaren Einheit. Mein Körper bäumt sich auf unter seinen Angriffen, die immer härter werden, mich unerbittlich in diesen tiefen, ausweglosen Schmerz treiben, der es unmöglich macht, sich gegen die überwältigende, jedes Bewusstsein auslöschende Ekstase zu sperren.

Er wirft sich über mich, als wir schließlich kommen, dämpft meinen gellenden Schrei, indem er mich fest an sich zieht, mein Gesicht an seine Schulter presst und mich hält, mich regelrecht umklammert, als wollte er mich nie wieder loslassen. Sein Atem geht so schwer wie meiner, und ich spüre das mächtige Pochen seines Herzens, das seinen ganzen Brustkorb erschüttert. Er murmelt meinen Namen und dann noch etwas, das ich nicht verstehe.

Lange Zeit liegen wir so da, und erst als wir uns einigermaßen beruhigt haben und wieder zu Atem gekommen sind, lockert sich allmählich sein Griff. Unsere schweißfeuchten Körper haften aneinander, lösen sich mit einem leisen Geräusch, als er seinen Oberkörper aufrichtet. Seine Augen sind weich und noch trüb vor Lust, als er meinen Blick sucht.

Er küsst mich sanft auf den Mund und flüstert: »Sekunde, ich muss mal eben ...« Er greift zwischen uns, um das Gummi festzuhalten, und zieht sich vorsichtig aus mir zurück. Dann rollt er sich von mir herunter auf den Rücken und setzt sich auf. Nachdem er aus seiner Hosentasche ein Tempo gefischt hat, in das er das benutzte Kondom einwickelt, zieht er Hose, Slip und Strümpfe aus.

Währenddessen führe ich verstohlen die Hand zwischen meine Schenkel, um herauszufinden, ob die klebrige Nässe nicht vielleicht zu einem Teil Blut ist. Aber als ich meine Finger in Augenschein nehme, kann ich keine roten Spuren daran entdecken.

»Stimmt was nicht?«, fragt er mit einem schnellen Hochziehen der Augenbrauen. Offenbar hat er den Vorgang doch aus dem Augenwinkel beobachtet.

Wortlos schüttle ich den Kopf, aber da er mich immer noch fragend ansieht, sage ich schließlich: »Ich dachte, es blutet vielleicht.«

»Nein«, lächelt er, »aber wenn du mich nochmal so provozierst ...« Er verdreht die Augen. »Damit wir uns richtig verstehen: Ich tu dir gern weh, aber ich muss das nicht unbedingt auf die Spitze treiben, dich blutig quälen oder so. Bloß wenn du so bittest, und ich spüre, wie wahnsinnig dich das macht, da könnte ich ... Gott weiß was! Dir die Schamlippen rausreißen!«

»Ja«, murmele ich mit trockenem Mund. »In dem Moment wär' mir das wohl auch recht gewesen.«

Wieder nimmt sein Gesicht diesen leidenschaftlich-harten Ausdruck an, und sein sengender Blick jagt Lustschauer über meine Haut. Eine ganze Weile sehen wir uns so an, und als ich meine Augen schließlich abwende, weil er nicht merken soll, dass ich ihn immer noch oder schon wieder will, sehe ich, dass es ihm nicht viel anders ergeht: Sein Schaft beginnt auch bereits wieder anzuschwellen.

Er folgt meinem Blick zu seiner Mitte, lächelt und zuckt in gespielter Hilflosigkeit die Schultern. »Ich weiß auch nicht, was das mit dir ist.«

Da beginnt plötzlich sein Handy zu klingeln, und wir schrecken beide zusammen, denn obwohl der Ton durch den Stoff seines Sakkos etwas gedämpft wird, erscheint er in der intimen, erotisch aufgeladenen Atmosphäre laut wie ein Feueralarm.

»Hab wohl vergessen abzuschalten«, sagt er. »Macht's dir was aus? Ich muss nicht drangehen, wenn du ...«

»Schon okay.« Ich grabsche nach dem Sakko, das auf meiner Bettseite auf dem Boden liegt, und gebe es ihm mit so viel Schwung, dass der untere Teil gegen seinen Körper schleudert. Es war keine Absicht, aber als er mir einen verdutzten Blick zuwirft, spüre ich den unterschwellig in mir aufsteigenden Ärger. Ist ja klar, dass dieser Anruf nur von einer Kundin kommen kann, irgend so einer Kuh, zu der er jetzt bestimmt hinrennen will, denn Geschäft ist schließlich Geschäft.

»Ja«, meldet er sich knapp und klingt genauso unwirsch wie gestern, als ich ihn anrief. Dann hört er lange Zeit zu, ohne auch nur einen Laut von sich zu geben. Dabei ist seine Miene völlig unbewegt, sodass ich beim besten Willen nicht erraten kann, worum es geht.

Schließlich schüttelt er den Kopf und sagt energisch: »Nein, das mach' ich nicht.«

Wieder wird am anderen Ende der Leitung eine lange Rede vom Stapel gelassen, woraufhin er mit scharfer Stimme antwortet: »Ich will damit nichts zu tun haben! Das müsst ihr allein durchziehen!«

Als sich die andere Seite damit offenbar nicht zufriedengeben will, erscheint auf seiner Stirn eine steile Falte. »Gib ihn mir mal«, verlangt er ungeduldig.

Anscheinend wird das Gespräch an eine zweite Person, einen Mann, weitergereicht, und Leon wechselt in eine Sprache, die ich noch nie zuvor gehört habe. Die Falte auf seiner Stirn hat sich vertieft, er gestikuliert heftig mit der Hand, die noch immer das zerknüllte Tempo hält, und dem Klang seiner Stimme nach zu urteilen, ist er furchtbar aufgebracht. Dann drückt er das Telefon einfach aus, sodass der andere keine Gelegenheit mehr hat, noch etwas einzuwenden.

Geistesabwesend und immer noch sehr verärgert steckt er das Handy wieder ins Sakko, lässt es aufs Bett fallen und fragt: »Wo ist das Bad?«

»Links«, antworte ich möglichst neutral, mich aller Fragen enthaltend. »Unter dem Waschbecken ist eine Müllbox. Handtücher sind im Eckschrank.«

Er steht auf, packt mit der freien Hand seine Hose an den Beinen, schüttelt sie glatt und legt sie über die Kleiderbank. Dann stampft er zur Tür hinaus.

»Verdammt! So eine Scheiße!«, höre ich ihn laut im Bad fluchen, und dann folgen noch einige anscheinend ziemlich deftige Flüche in dieser fremden Sprache. Die Müllbox knallt zu, Wasser rauscht ins Becken. Danach ist es still.

Ich lausche angestrengt, aber es gibt keine Geräusche, die mir verraten, was er da so lange macht. Ich überlege, ob ich vielleicht mal nachsehen soll, fürchte aber, dass er sich nur noch mehr aufregt, wenn ich mich einmische. Schließlich entscheide ich mich für einen Kompromiss. Da ich sowieso in die Küche wollte, um uns etwas zu trinken zu holen, kann ich auf dem Weg ja mal unverfänglich fragen, ob er auch ein Bier will oder so.
Doch als ich auf den Flur hinaustrete und ein Stück nach links gehe, erkenne ich, dass die Badezimmertür fest geschlossen ist. Sie klemmt ein bisschen, und man muss von innen einmal kräftig dagegen drücken, damit das Schloss einrastet, und da er sich die Mühe gemacht hat, bedeutet das wohl, dass er seine Ruhe haben will.

Einen Augenblick lang stehe ich noch zögernd da, dann spüre ich es nass an den Innenseiten meiner Oberschenkel herabsickern und drehe schnell nach rechts ab, zur Küche.

Mit etwas Zewa von der Rolle wische ich mich ab, aber kaum habe ich das Papier in den Müll geworfen, läuft noch mal ein richtiger Schwall nach. Also reiße ich mir neues Tuch ab, und wie ich da gerade so breitbeinig mitten im Raum stehe und an mir herumtrockne, spricht Leon mich plötzlich von hinten an: »Tut mir leid.«

Wie ertappt fahre ich zusammen und lasse das zerknüllte, feuchte Tuch fallen. »Hast du mich erschreckt!«

»Tut mir leid«, wiederholt er, kommt heran und bückt sich vor mir, um das Papier aufzuheben. »Willst du das noch?«, fragt er und hält es mir hin. Dann führt es unter seiner Nase entlang, atmet den Geruch tief ein und lächelt sinnlich.

Errötend schüttle ich den Kopf, woraufhin er sich suchend nach dem Mülleimer umblickt.

Ich fühle mich befangen, schäme mich plötzlich unserer Nacktheit, vor allem meiner, gerade so, als wären wir Fremde, und die selbstverständliche Intimität, die in seiner Geste lag, kommt mir in diesem Moment völlig unpassend vor.

»Auch ein Bier?«, frage ich, während ich mich zum Eisschrank umdrehe, um meine Verwirrung zu verbergen.

»Klar, wieso nicht?«, fragt er mit diesem spöttischen Unterton, der mir verrät, dass ihm mein Stimmungsumschwung nicht entgangen ist.

Ohne mich umzudrehen, reiche ich mit der Linken eine Dose nach hinten, die er mir abnimmt. Ich höre das Zischen, als er sie aufreißt, und das leise Gluckern, als er daraus trinkt. Meine Rechte gefriert um meine eigene Dose, aber ich starre dumm weiter in den Eisschrank, obwohl das spärliche Angebot nun wirklich keinen zweiten Blick lohnt.

»Hast du dich langsam genug abgekühlt?«, fragt er belustigt, und als ich darauf nicht weiter reagiere, nimmt er meinen Arm, zieht mich vom Eisschrank weg und drückt die Tür zu. »Was ist?«

»Ich hab nichts zu essen da«, höre ich mich in einem Ton sagen, als wäre das eine mittelschwere Katastrophe.

»Hast du denn Hunger?«

»Eigentlich nicht. Aber du vielleicht.«

Er lehnt sich bequem an die Küchenzeile. »Nein«, sagt er gedehnt und mustert mich mit heiterer Miene von oben bis unten.

Ich sehe schnell weg und dann in alle möglichen Richtungen, bloß nicht zu ihm hin.

»Wollen wir zurück?«, frage ich schließlich und deute vage in Richtung Flur.

»Warum nicht?«, grinst er und setzt sich in Bewegung.

An der Küchentür wartet er, lässt mir den Vortritt und mich dann vor sich hergehen. Ich spüre seine Blicke, die meinen Hintern fixieren, sich förmlich hineinbohren, und das macht mich wieder genauso nervös wie gestern, als ich vor ihm herkriechen musste. War das wirklich erst gestern?

Im Schlafzimmer angekommen setze ich mich mit meinem Bier aufs Bett, während er seine Dose auf dem Nachtisch abstellt und erst mal seine noch verstreuten Kleidungsstücke aufhebt und zu der Hose auf die Bank legt. Als er damit fertig ist, bleibt er in der Mitte des Raums stehen und beobachtet mich. Doch als ich nach einer Weile immer noch nichts gesagt oder ihn wenigstens angesehen habe, kündigt er betont beiläufig an: »Ich geh' dann mal duschen.«

Da sitze ich nun allein auf dem Bett und komme mir blöd vor. Keine Ahnung, wieso ich seit dem Anruf eine solche Distanz empfinde. Dabei hätte ich doch eigentlich zufrieden sein müssen, weil es keine Kundin war, denn die zweite Person, die er in dieser fremden Sprache angeschrien hat, war ja wohl ein Mann. Aber vielleicht war es doch eine Kundin, die ihren Mann oder Freund mitbringen wollte? Leons ablehnendes »Das mache ich nicht« könnte sich durchaus darauf bezogen haben. Andererseits klang das »Das müsst ihr alleine durchziehen« eher nicht danach. Außerdem hätte er sich wegen so einer Sache bestimmt nicht dermaßen aufgeregt.

Nein, es muss um etwas anderes gegangen sein. Aber wieso hat er es mir eben in der Küche nicht erzählt? Der Grund kann ja nur sein, dass er nicht will, dass ich Bescheid weiß. Dass es mich nicht interessiert, wird er doch wohl nicht angenommen haben.

Obwohl — so ausweichend, wie ich mich verhalten habe, hätte er schon auf den Gedanken kommen können. Ich habe ihm ja bisher auch kaum Fragen zu seinem Leben gestellt. Zum einen wollte ich darüber nichts wissen, zumindest nicht von dem Teil, in dem es Kundinnen gibt. Aber die Regale in seiner Wohnung standen voller

Bücher, und ich habe sie mir überhaupt nicht angesehen. Ich habe auch nie gefragt, was er sonst gerne tut, für was er sich interessiert oder ob er viele Freunde hat. Ich weiß nicht mal, welches Studium er abgebrochen hat, um Callboy zu werden. Andererseits hat er mich auch nicht ermutigt, Fragen zu stellen, im Gegenteil. Vorhin hat er ja noch gesagt, dass er sich absichtlich bedeckt hält, damit ich ihn nicht durchschaue, weil es das Spiel gefährden würde. Was ja vielleicht auch stimmt. Und trotzdem ...

Im Bad beginnt die Dusche zu plätschern. Kurz entschlossen springe ich auf und folge ihm. Diesmal hat er die Badezimmertür weit offengelassen, fast, als ob er es geahnt hätte!

»Kann ich mit drunter?«

Er schiebt die beschlagene Kabinentür auf und wirft mir einen Blick zu, der besagt: »Frag nicht so blöd!«

Schnell stecke ich meine Haare mit einer Spange hoch und dränge mich zu ihm hinein in den warmen Dunst.

»Du warst auf einmal ... so fremd«, murmele ich und lehne mich leicht an ihn.

»So?«, macht er und schiebt die Halterung der Brause tiefer, damit mein Haar nicht nass wird.

»Na ja, mir wurde gerade mal wieder klar, dass ich überhaupt nichts von dir weiß. Zum Beispiel, dass du irgendwelche ausgefallenen Fremdsprachen kannst ...«

»*Können* ist weit übertrieben«, wehrt er ab. »Mein Ungarisch ist wirklich schlecht.«

»Ach, Ungarisch ... Wie bist du denn dazu gekommen?«

»Meine Mutter stammt aus Buda. Der größte Teil meiner Familie lebt heute in Ungarn.«

»Dann hast du eben mit Verwandten gesprochen?«

»Jaja, im Moment sind alle verfeindet wegen einer blöden Erbschaftssache, und irgendwer will mich immer mit reinziehen.« Seine Kiefermuskeln sind angespannt, seine Lippen schmale, harte Striche. »Können wir das Thema jetzt lassen?«

»Klar. Sicher.«

Eine Weile stehen wir schweigend da, während das warme Wasser auf unsere Körper prasselt. Dann schüttelt er einmal heftig den Kopf, um die Gedanken zu vertreiben, und greift nach dem Duschgel.

»So, jetzt bin ich wieder ganz da«, sagt er munter. Er drückt ein kleines Häufchen Gel in seine Hand. »Komm, ich wasch' dich.« Er schiebt den Duschkopf zur Seite, zieht mich an sich und schäumt meinen Rücken ein, den Po und die Schenkel, soweit er sie erreicht. Seine glitschigen Hände fahren über meinen Hals, meine Schultern, die Arme außen hinunter und an den Innenseiten wieder herauf, in meine Achselhöhlen hinein, abwärts über meine Brüste und den Bauch, das gerötete Dreieck aussparend. Dann nimmt er die Brause aus der Halterung und spült die Seife sorgsam ab.

»Stell mal den Fuß da rauf«, werde ich mit einem Nicken zum Rand der Duschtasse angewiesen. Er reguliert die Temperatur, dass das Wasser nur noch lauwarm ist. Mit sanften Fingern blättert er meine Schamlippen auf und versucht, mit der Brause den restlichen Schleim wegzuspülen. Doch als die prickelnden Wasserstrahlen auf meine wunden Stellen treffen, lässt die Kombination aus scharfem Brennen und süßem Reiz meine Säfte gleich neu fließen. Unwillkürlich reckt sich mein Becken vor, und aufstöhnend klammere mich an ihn, um nicht das Gleichgewicht zu verlieren.

»Tja, wenn man dich einmal in Gang gesetzt hat«, lacht er und stellt das Wasser ab.

Er trocknet sich flüchtig und mich ziemlich gründlich ab. Suchend schaut er sich um und erspäht auf der Konsole meine Bodylotion. Missbilligend studiert er das Etikett.

»Die ist nichts für deine Haut«, mäkelt er, öffnet aber doch die Flasche, gibt eine großzügige Menge in seine Hand und cremt mich von Kopf bis Fuß ein.

Zurück im Schlafzimmer, legen wir uns aufs Bett, wobei er unabsichtlich eine meiner sensiblen Stelle streift und mir ein weiteres Stöhnen entlockt. Lächelnd schüttelt er den Kopf. »Kaum zu glauben, dass du nie ...«

Er rückt noch ein Stück näher, bis sich, da wir einander zugewandt auf der Seite liegen, unsere angezogenen Knie berühren. Dann stützt er den Kopf auf den angewinkelten Arm und blickt mich neugierig an.

»Ich kann mir ehrlich nicht vorstellen, was zwischen dir und deinem Freund abgeht! Wie ihr Sex macht. Musst du mir nicht sagen, aber ... Naja, es würd' mich schon sehr interessieren.«

»Da gibt's nicht viel zu sagen. Er küsst mich, streichelt mich ein bisschen, und dann ... macht er es eben.«

»Vögelt dich.«

»Ja.«

»Aber dass dir das nichts bringt, dass du nicht feucht wirst – das muss er doch merken!«

»So war das bei mir ja immer, das wusste er doch.«

»Also drauf mit der Vaseline, und ab die Post.«

Stumm weiche ich seinem Blick aus.

»Nicht mal ein Gleitmittel?«

»Er ... er reibt sich mit Spucke ein.«

»Auch eine Art von SM!«, sagt er sarkastisch. »Das hätte dir ja fast einen kleinen Kitzel geben müssen. Herrgottnochmal! Wie konntest du so was bloß so lange mitmachen?«

»Was sollte ich denn sonst tun? Ganz auf eine Beziehung verzichten? Ich war doch froh, dass er mich so akzeptiert hat, wie ich war. Welcher Mann tut das schon?«

»Eben! Jeder andere hätte sich ein bisschen Mühe mit dir gegeben und rausgefunden, was mit dir los ist!«

»Das war eben einfach nie so wichtig! Ach, du verstehst das nicht!«

»Nein«, gibt er zu. »Noch nicht. Aber ich werd' schon noch dahinterkommen.«

Einen Moment lang starrt er nachdenklich vor sich hin, dann fährt er langsam fort: »Ganz objektiv betrachtet, ist das alles ziemlich zweifelhaft, deine ganze Vergangenheit ... dass du bis vor ein paar Monaten nie ein sexuelles Gefühl gehabt haben willst, diese komische Beziehung zu deinem Freund, und dann diese Messe-Sache, die ja doch ziemlich nach einem Märchen klingt, vor allem mit diesem Blackout am Schluss ... Und dass du SM in einem ONS ausprobieren wolltest und dich dann auch noch auf mich, einen Callboy, eingelassen hast – das alles ist schon ziemlich schwer zu schlucken. Aber dass du so stark auf alles reagierst, was ich mit dir mache, und nicht die geringsten Orgasmusprobleme hast, ganz im

Gegenteil, das erscheint doch nun wirklich sehr unglaubwürdig. Wenn ich nicht so verdammt sicher wäre, dass du die Wahrheit gesagt hast ...«

»Hab ich auch!«

»Wirklich? Du hast mich nicht angelogen? Nichts verschwiegen oder dazuerfunden?«

»Nein!«

»Na, das will ich für dich hoffen!« Er beugt sich zu mir herüber und küsst mich herrisch. »Denn wenn sich rausstellt, dass doch, werd' ich dich verstriemen, dass du zwei Wochen nicht liegen, sitzen, stehen, geschweige denn laufen kannst!«

»Ja, ich weiß«, murmele ich atemlos, als er meinen Mund wieder freigibt. »Das klingt alles ziemlich unwahrscheinlich. Aber so ist es gewesen. Ich hab nichts erfunden.«

»Ich glaube dir«, lächelt er. »Ich hab dir immer geglaubt. Du hattest ja auch gar keinen Grund, dir so eine Geschichte auszudenken. Aber weiß man's? Vielleicht bist du eine krankhafte Lügnerin ...«

Er greift nach meiner Hand und hält sie fest. »Ich bilde mir zwar was auf meine Menschenkenntnis ein, aber ich bin nicht so blöd zu glauben, dass meine Gefühle mich nicht blind machen können. Vielleicht glaube ich dir nur, weil ich dich liebe und dir glauben will.«

Von Gefühlen war schon öfter die Rede und ein-, zweimal auch von Verliebtsein, aber es ist das erste Mal, dass *dieses* Wort zwischen uns fällt, und mir stockt der Atem. Er bemerkt es sehr wohl, aber anstatt die Situation zu entschärfen, prescht er noch weiter vor.

»Ich habe keine Lust auf irgendwelche kindischen Versteckspiele, dafür bin ich zu alt. Ich liebe dich, Sonia. So ist es eben. Warum lange drum herumreden?«

Ich verberge meine Augen, indem ich auf eine Falte im Laken starre, und schweige mich aus, aber ich spüre seinen bohrenden Blick auf mir ruhen.

»Und was ist mir dir?«, fragt er schließlich ganz direkt. »Liebst du mich auch?«

»Ich ... ich weiß nicht«, sage ich gequält. »Nach gerade mal einem Tag von Liebe zu reden ... Findest du das nicht ein bisschen früh?«

»Wie viele Tage müssen es denn sein? Oder Wochen? Monate? Jahre?«

»Keine Ahnung ... Jedenfalls muss man sich doch erst mal richtig kennen ...«

»Glaubst du das wirklich?«, fragt er mit einem schiefen Grinsen. »Okay, ich weiß nicht, ob du lieber Fisch oder Fleisch isst, ob du schon mal Urlaub in der Karibik gemacht hast oder was dein Lieblingsfach in der Schule war. Aber das ist doch alles völlig unwichtig. Denkst du, irgendwas davon würde meine Gefühle ändern?«

»Aber es geht doch nicht nur um die Gefühle«, widerspreche ich. »Das wichtigste ist doch, dass man zusammenpasst, dass man harmoniert.«

»Und du findest nicht, dass wir harmonieren?«, fragt er ganz erstaunt. »Ich finde das gerade.«

»Na ja, in dem einem Punkt sicher«, gebe ich zu. »Aber das ist eben bloß ein Teil. Vielleicht überschätzt du das.«

»Und du unterschätzt es!«, braust er auf. »Ich hab's dir vorhin schon gesagt: Im Sex spiegelt sich die gesamte Beziehung. Glaubst du, es wäre zwischen uns so gut, wenn da keine Übereinstimmung, keine Harmonie wäre? Das gehört alles zusammen, da kannst du keine Trennung konstruieren!«

»Ach, Quatsch!«, gebe ich heftig zurück und entziehe ihm meine Hand, ärgerlich über seinen aggressiv-belehrenden Ton. »Du weißt genauso gut wie ich, dass es Paare gibt, die sich im Bett prima verstehen und außerhalb überhaupt nicht. Das kann auch umgekehrt so sein. Nimm Egbert und mich als Beispiel: Wir passen sexuell nicht zusammen, aber wir wollen dasselbe, wir haben dieselben Vorstellungen.«

»Wie dieses Zimmer hier?«, fragt er sarkastisch. »Ist das ein Musterbeispiel für eure tolle Übereinstimmung?«

»Ach, das sind doch bloß Kleinigkeiten! Ich rede von der großen Linie! Du kennst mich eben bloß im Bett! Aber abgesehen davon bin ich eine ganz normale Frau mit ganz normalen Vorstellungen. Ich will eine Familie, ich will Kinder, ein ganz normales Leben eben.«

»Und ich komm' dafür von vornherein nicht in Frage, oder was?« Aufgebracht setzt er sich auf, wirft ein Kissen an das Kopfteil und lässt sich mit dem Rücken dagegen fallen, dass das ganze Bett erzittert. »Vielleicht will ich das ja auch! Du könntest mich wenigstens fragen!«

»Ach ja?«, fauche ich zurück und setze mich ebenfalls auf, damit er mich nicht überragt. »Und wie soll das gehen, bitteschön? Was willst du denn unseren Kindern sagen, womit du dein Geld verdienst? He, Kleines, ich hab jetzt keine Zeit mit dir zu spielen, ich muss los und ein paar Frauen ficken? Das ist genau mein Traum!«

Er wird blass, und sein Gesichtszüge erstarren zu einer leblosen Maske. »Scheiße, Sonia, du machst es einem wirklich nicht leicht«, murmelt er tonlos.

»Tut mir leid«, flüstere ich, erschrocken über mich selbst und das, was mir da herausgerutscht ist. »Das war ... das wollte ich nicht sagen. Nicht so jedenfalls.«

Schweigend starren wir beide vor uns hin, bis ich schließlich leise wieder anfange: »Versteh doch ... Wenn ich mich von Egbert trenne, um mit dir zusammen zu sein, verliere ich alles, einfach alles. Meine Eltern, meine Freunde, alle, die ich kenne, werden auf seiner Seite sein und mich fertigmachen. Nicht mal Anke, die nun wirklich tolerant ist, würde akzeptieren, dass ich mit einem Callboy zusammen bin. Und was könnten wir schon für neue Freunde finden? Wenn die Leute erfahren, was du machst, will doch keiner mehr was mit uns zu tun haben. Die einzige Möglichkeit wäre, es keinem zu sagen, aber früher oder später kommt so was ja doch immer raus, und dann ist alles nur noch schlimmer. Außerdem will ich nicht permanent lügen müssen. Vielleicht sind dir andere Leute ja egal, aber ich bin nicht so. Ich brauche Menschen um mich herum, Familie, Freunde, eine Gemeinschaft. Ganz abgesehen davon, dass ich es sowieso nicht ertragen könnte, dass du mit anderen Frauen schläfst. Auch wenn du zehnmal sagst, dass es einen Unterschied gibt und was weiß ich ... Das kann ich nicht aushalten. Will ich auch nicht. Schon gar nicht, wo überhaupt keine Not dahintersteht. Ich meine, wenn's ums reine Überleben ginge, dann könnte ich das vielleicht eine Weile durchstehen, aber so ist es ja nicht. Nein, damit kann ich nicht leben. Ich kann's einfach nicht.«

»Okay«, sagt er ruhig. »Okay.«

Wieder verfallen wir in tiefes Schweigen, sitzen vollkommen reglos da, den Blick des anderen meidend.

Diesmal spricht er als erster wieder. »Und was, wenn ich aufhören würde? Wärst du dann zufrieden?«

»Was?« Mein Kopf fährt herum, und ich starre ihn völlig überrascht mit geweiteten Augen an.

»Du hast mich schon verstanden.«

»Aber ... aber du hast doch gesagt, dass du auf keinen Fall aufhören willst. Das wäre die einzige Bedingung.«

»Kannst du *bitte* die Frage beantworten?« Halb tadelnd, halb amüsiert schüttelt er seinen Kopf. »Also nochmal: Wenn ich aufhören würde, wäre dann alles gut?«

»Du meinst: Nur mal so angenommen?«, frage ich misstrauisch, seine Bitte missachtend. »Wozu? Was soll das denn? Du wirst ja sowieso nicht aufhören.«

»Und wenn doch?« Vollkommen ernst blickt er mir in die Augen.

Einen Moment bin ich sprachlos. »Aber wieso? Wieso auf einmal?«

»Vielleicht, weil du es mir wert bist?«

»Ach komm! Das sagst du doch jetzt bloß so! Das ist bestimmt nur wieder irgend so ein Manöver!«

»Da bist du dir ganz sicher, was?« Er verdreht die Augen und spricht dann mit fast aggressiver Ungeduld weiter: »Hör zu, du kannst mir glauben, dass ich auf das, was zwischen uns passiert, genauso wenig vorbereitet bin wie du. Mir ist klar, dass es für dich nicht so einfach ist wie für mich. Ich kann vielleicht nicht alle Hindernisse ausräumen, und ich kann auch nicht versprechen, dass immer alles einfach und wunderbar sein wird, aber was ich dazu tun kann, bin ich bereit zu tun. Wenn du also verlangst, dass ich meinen Job aufgebe, wenn das der einzige Weg ist, wie ich dich haben kann, dann tu ich es, okay?«

»Ich würd' dir ja gern glauben, aber ... Sieh's doch mal von meiner Seite! Gestern warst du noch deprimiert wegen deiner Freundin, die dich verlassen hat. Und obwohl sie dir ja offenbar einiges bedeutet hat, hast du den Job für sie nicht aufgeben wollen. Und heute, bei mir, soll das auf einmal kein Problem mehr sein?«

»Habe ich *einmal* gesagt, dass unsere Beziehung an meinem Job gescheitert ist?!«, braust er wieder auf. »Das hast du bloß angenommen!«

»Und du hast mich in dem Glauben gelassen! Du und deine verdammte Geheimnistuerei!«

Er reagiert überhaupt nicht darauf, blickt minutenlang starr auf die Wand, während er offensichtlich über etwas nachgrübelt. »Ich glaube, jetzt hab ich's endlich kapiert«, murmelt er gedankenverloren und fixiert noch eine Weile diesen imaginären Punkt. Dann wendet er sich mir voll zu und sagt: »Ich weiß, warum du so abblockst. Solange der Job zwischen uns stand, hast du dich sicher gefühlt. Sicher, dass nichts aus uns werden kann. Sicher, dass du nicht verletzt werden kannst. Denn das ist der Knackpunkt bei dir. Deshalb bist du auch mit diesem Typen zusammen, denn der bringt dich garantiert nicht in Verlegenheit, der kehrt nicht deine Gefühle von innen nach außen, da brauchst du nie die Kontrolle über dich zu verlieren und bist deshalb auch nicht verletzlich. Aber ein Mann, der dich dazu bringen kann, dich hinzugeben, dem gegenüber fühlst du dich machtlos, schwach, angreifbar. Das ist dir einfach zu gefährlich.«

Die Art, wie er mich analysiert, vor allem aber sein überheblicher Psychiatertonfall, machen mich rasend!

»Na, das hast du dir ja alles fein ausgedacht!«, fahre ich ihn an. »Aber bloß weil du verliebt bist, muss ich das nicht auch sein. Schon mal auf die Idee gekommen, dass ich diese Gefühle nicht abblocke, sondern vielleicht ganz einfach nicht habe?«

»Doch«, sagt er ganz gelassen mit nach oben gekehrten Handflächen. »Natürlich. Als ich herkam, war ich mir alles andere als sicher. Das weißt du!«

»Aber jetzt ist die Sache wohl klar, was?«

»Für mich schon. Denk mal drüber nach, und du wirst sehen, dass ich recht habe.«

»Red' nicht so herablassend mit mir! Dieses blöde Psycho-Gewäsch kannst du dir für deine Kundinnen aufheben, bei mir zieht das nicht!«

»Quod erat demonstrandum«, murmelt er.

»Ach, leck mich doch!«, schreie ich erbost.

»Auf einmal?«, grinst er. »Ich dachte, da stehst du nicht drauf! Aber gut, mach ich gerne ...«

»Du ... du ... du ... Mistkerl!«

»Pass lieber auf, was du sagst!«, warnt er mich, und obwohl seine Lippen noch immer zu einem Lächeln verzogen sind, klingt seine Stimme mahnend scharf.

Ich bemerke den ernsten Ton, aber ich bin so wütend, dass ich einfach nicht aufhören kann. Ich schreie, beschimpfe ihn, und hätte er meine Hände nicht rechtzeitig geschnappt, hätte ich ihm mitten in sein überhebliches Grinsen geschlagen.

Es ist ja nicht nur, dass er mit allem, was er gesagt hat, recht hat. Viel schlimmer ist, dass mich seine Überlegenheit erregt! Ich hasse mich, weil ich mir wünsche, dass er mich packt, mir mit einem groben Kuss den Mund stopft und mir eine Tracht Prügel verpasst, wie einem frechen, bockigen Kind, hasse mich, weil ich nasser und nasser werde bei dem Gedanken an diese Schläge, die jeden Widerstand in mir brechen, mich heulend und kleinlaut zurücklassen, bereit die Wahrheit einzugestehen, dass ich ihn will, ihn brauche, nicht ohne ihn sein kann, hasse mich, weil ich enttäuscht bin, dass er nichts dergleichen tut, mich nur ansieht, gelassen beobachtet, wie mir langsam die Schimpfworte ausgehen.

»Bist du jetzt fertig?«, fragt er nachsichtig und lockert den Griff um meine Handgelenke. Als ich nicht antworte, aber auch keine Anstalten mache, wieder auf ihn loszugehen, lässt er sie ganz los. »Hör zu, es ist schon spät. Ich würd' jetzt gern ein paar Stunden schlafen. Du kannst ja nochmal über alles nachdenken und dich entscheiden.«

Verständnislos schaue ich ihn an. »Entscheiden wozu?«

»Na, ob du es mit mir versuchen willst. Und damit das gleich klar ist: Ich will es spätestens morgen wissen. Wenn du dich für mich entscheidest, bleibe ich mit dir hier und wir sagen es deinem Freund zusammen. Wenn nicht, verschwinde ich, bevor er kommt, und wir sehen uns nie wieder.«

»Ist nicht dein Ernst!«, rufe ich entgeistert aus.

»Also, langsam solltest du wirklich unterscheiden können, wann ich Witze mache und wann nicht.«

»Aber wieso? Weshalb diese Eile? Warum drängst du mich so? Ich kann das nicht jetzt entscheiden, auch nicht morgen, oder übermorgen. Ich brauche mehr Zeit.«

»Aber ich kann dir nicht mehr Zeit geben, tut mir leid«, sagt er abschließend. Er neigt sich zu mir herüber, küsst mich sanft auf den Mund und wünscht mir eine gute Nacht. Dann dreht er sich auf die Seite, zieht sich die Decke bis zur Brust hoch und schließt die Augen.

Ungläubig sitze ich eine Weile da, sehe ihn an, aber in seinem Gesicht rührt sich kein Muskel, die Lider flattern kein bisschen, und nach ein paar Minuten höre ich an seinen tieferen, längeren Atemzügen, dass er tatsächlich eingeschlafen ist. Verdammt, wie kann er jetzt schlafen?

Ich beobachte sein entspanntes Gesicht, seinen mir vertrauensvoll zugewandten Körper, der so natürlich hier wirkt, als wäre dies sein angestammter Platz. Wie er daliegt, so entspannt und zufrieden, so kann nur jemand schlafen, der weiß, dass sein Plan aufgehen und er sein Ziel erreichen wird!

In meinem Kopf dagegen wirbeln die Gedanken. Trotzdem mache ich das Licht aus, rühre mich nicht, liege einfach nur still da und hoffe, dass ich irgendwann doch einschlafen werde. Wir berühren uns nicht, doch die Hitze seines Körpers strahlt verlockend zu mir herüber, zieht mich an, wie ein Kaminfeuer im Winter. Ich weiß, dass ich nur ein bisschen an ihn heranrücken müsste, und er würde im Schlaf nach mir greifen, mich in seine Arme aufnehmen, mich die ganze Nacht umschlungen halten, aber ich will nicht nachgeben, nicht nachdem er mir dieses Ultimatum gestellt hat.

Er macht sich die Sache leicht. Als wäre das bloß eine Entscheidung zwischen zwei Männern! Nein, noch schlimmer! Er weiß, dass es um mehr geht, und er weiß auch, um was. Ich hab's zwar abgestritten, aber dann hab ich ihn beschimpft, und mit diesem hilflosen Wutausbruch habe ihm alles verraten. Natürlich, deshalb denkt er jetzt auch, er hätte gewonnen. Und ich verliere in jedem Fall, egal wofür ich mich entscheide, völlig unabhängig von Egbert, Leon oder irgendeinem anderen Mann. Wähle ich Lust und Hingabe verliere ich Selbstbestimmung und Sicherheit, und umgekehrt. Genausogut hätte er verlangen können, dass ich mich für atmen *oder* essen entscheide. Das ist einfach nicht fair!

Andererseits – was hat er für eine Wahl? Gut, er hätte nicht so sehr drängen müssen, aber langes Warten macht die Sache auch nicht besser. Alles das wird auch morgen noch in mir gegeneinanderstehen, und übermorgen auch, wahrscheinlich immer. Außerdem muss er ja auch ein Opfer bringen, und er ist bereit dazu. Obwohl das kein Vergleich ist, nicht in meinen Augen, und überhaupt: So leicht, wie er sich dazu entschlossen hat, kann es nicht so ein großes Opfer sein. Nein, ich trau' der Sache nicht. Bestimmt hat er das nur gesagt, um mich rumzukriegen, und wenn er mich dann hat, wenn ich erst mal richtig abhängig von ihm bin, dann kommt er damit an, dass er sich's anders überlegt hat, dass er doch wieder arbeiten wird. Friss oder stirb.

Dann vielleicht doch besser ein Ende? Schon bei dem Gedanken wird mir ganz schlecht. Nie wieder sein Lächeln. Nie wieder seine Blicke. Nie wieder seine harte, strenge, boshafte, sarkastische, beschwichtigende, lüsterne, liebevolle, erregte Stimme. Nie wieder sein warmer, beschützender Körper. Nie wieder seine Schläge, seine leidenschaftlichen Küsse, seine zärtlichen Hände und nochmal der beißende Gürtel, die zwickenden Nägel, ich vor ihm auf den Knien, nass-gequält, seine Zunge in meinem Mund, seine Hand in meiner Furche, sein Schwanz, seine Stöße, nie wieder, nie wieder ... Wie soll ich das aushalten? Wie soll ich hier wieder neben Egbert liegen und nicht daran denken, was ich aufgegeben habe?

Und wenn ich nun doch mit Egbert reden würde? Nein, das hätte keinen Sinn. Selbst wenn er wollte, er würde es nicht hinkriegen. Und ich auch nicht. Wenn er es versuchen würde, müsste ich bloß lachen. Trotzdem liebe ich ihn. Er ist so unkompliziert, so geradlinig, er sagt immer ganz offen heraus, was er denkt, was er will und was nicht. Er ist hilfsbereit und zuverlässig, und egal was Leon darüber denkt: Er hat mich respektiert. Er hat nur getan, was ich ihm gesagt habe. Ich wollte nicht, dass er eine große Sache daraus macht, irgendwelche

Experimente mit mir veranstaltet. Er sollte sich ohne großes Theater nehmen, was er braucht, und das hat er getan. Deswegen kann man ihm wirklich keinen Vorwurf machen. Er ist eben ein einfacher Typ, der davon ausgeht, dass andere so klar und entschieden sind wie er und dass sie meinen, was sie sagen. Nicht wie Leon, der hinter allem, was man sagt und tut, irgendwas vermutet, der alles beobachtet und ständig hinterfragt, dann seine Schlüsse daraus zieht und einen damit konfrontiert – oder vielleicht auch nicht, wenn er denkt, dass er ihm sein Wissen nochmal bei einem seiner Tricks nützlich sein kann. Deshalb ist man bei ihm immer in der Defensive, weil er einen immer irgendwie durchschaut, selbst aber alles verbirgt. Er steckt voller Geheimnisse, über alle möglichen Dinge will er nicht reden, und während er mich schon völlig auseinandergenommen hat, bin ich, was ihn angeht, praktisch noch so schlau wie vorher. Spiel hin, Spiel her, aber was soll das denn für eine Beziehung werden, wenn er immer und in allem die Oberhand behalten will? Ich will dich lieben und für dich sorgen – das klingt so schön, heißt im Klartext aber vielleicht: Ich will, dass du vollkommen abhängig von mir bist, nicht nur im Spiel, auch in der Realität! *Ich will dich zu meiner Frau erziehen* ...

Schreiend weglaufen müsste ich! Ein Teil in mir will das auch, will diesen Mann wach rütteln und ihm ein endgültiges unwiderrufliches Nein ins Gesicht schleudern. Aber der andere Teil in mir sehnt sich danach, sich in seine Arme zu werfen und ja zu sagen, klein und hilflos zu sein, wie ein Kind, passiv zu sein, umsorgt zu werden, keine Verantwortung zu haben. Es ist so beschämend, dass ich es mir kaum selbst eingestehen kann, aber ich erzittere vor Lust bei dem Gedanken an eine absolute Abhängigkeit, meine totale Unterwerfung, seine vollständige Kontrolle. Nicht allein ausgehen zu dürfen. Ihn um Geld bitten zu müssen. Um ein neues Kleid zum Beispiel ... Das ihm dann, wenn ich es gekauft habe, natürlich nicht gefällt, weil es nicht provozierend genug geschnitten ist, woraufhin er mich schlägt, weil ich seinen Geschmack, den ich schließlich gut genug kenne, missachtet habe ... Dann muss ich das Kleid zurückbringen und gegen ein anderes umtauschen. Er begleitet mich, um sicherzugehen, dass ich diesmal die richtige Wahl treffe, und als ich gerade in der Anprobe im Slip dastehe, der die Striemen nur teilweise verbirgt, macht er im richtigen Moment »aus Versehen« den Vorhang auf, sodass die Verkäuferin sehen kann, dass ich bestraft wurde. Vor Wut und Scham über diese schreckliche Demütigung heule ich fast. Da kommt er zu mir in Kabine und tröstet mich, kitzelt mich ein bisschen zwischen den Schenkeln .... o ja, ja! .... natürlich nicht genug, nicht so, dass ich komme. Dann verspricht er mir, dass er mir das Armband kaufen würde, das mir neulich so gefallen hat, wenn ich mich beim Juwelier einmal so bücken würde, dass der auch meine Striemen zu sehen bekommt. Natürlich sage ich, dass ich dann lieber verzichten würde, aber er droht mir mit etwas noch Schlimmerem, also tue ich es schließlich doch, und als wir dann zum Parkhaus zurückgehen, er ganz heiter, ich tief verletzt und vor Wut kochend, und ins Auto einsteigen, überrascht er mich mit einer zu dem Armband passenden Kette, die er schon vorher gekauft hat, weil er wusste, dass ich ihm letztlich doch gehorchen würde, wie ich es immer tue, egal wie schwer es mir fällt, und er sagt mir, wie sehr er mich dafür liebt, und dann streichelt er mich, bis ich komme ...... ahjajahhhh ...... und als wir dann zu Hause sind, nimmt er mich richtig, öffnet mich ganz, bohrt sich in mich hinein und stößt zu, langsam und zart, etwas härter und schneller, dann wieder ganz sacht und schließlich mit aller Kraft, immer wieder, endlos lange ...

»... ist damit aber Schluss!«, drängt sich seine wirkliche Stimme in die Laute meines Traums. Ich öffne die Augen und sehe, dass Licht brennt. Er schiebt eine Hand unter meiner Taille durch und zieht mich herrisch zu sich heran, sodass meine Brust gegen seine prallt. Dabei wird meine Hand von meiner Muschel weggerissen, wodurch mir erst bewusst wird, dass ich sie dort hatte. Ich muss im Halbschlaf gewesen sein, aber jetzt, da ich seinen nackten, heißen Körper an meinen spüre, und sich seine Erektion hart an meine Leiste presst, sind alle meine Sinne hellwach, überwach, wie zu straff gespannte Saiten. Aufstöhnend presse ich meinen Schoß gegen seinen.

»Hast du gehört?«, fragt er rau, während er meinen rechten Oberschenkel hoch auf seine Hüfte schiebt. »Du wirst mich in Zukunft um Erlaubnis fragen, wenn du es dir selbst machen willst, verstanden?«

»Ja«, flüstere ich erregt. Seine Linke streichelt meinen Po, gleitet von hinten hinein in meine überfließende Spalte und streift dort zart herum.

»Es liegt ganz bei mir, es dir zu erlauben oder eben auch nicht.«

»Ja.«

»Wer entscheidet, ob du zum Orgasmus kommen darfst?«

»Du.«

»Wer entscheidet, wann, wie und wie oft du kommen darfst?«

»Du.«

»Erregt dich das? Dass ich die Kontrolle über deine Lust habe?«

»Ja! O ja, ja ...«

»Und du wirst mich fragen?«

»Ja.«

»Wirklich?«

»Ja.«

»Sag es.«

»Ich werde es mir nie wieder selbst machen, ohne dich vorher um Erlaubnis zu fragen«, ächze ich. Mein Körper krümmt sich, bebt und zittert unkontrolliert, sodass seine Finger, die meine Furche in dieser Position nur so gerade eben erreichen, die richtige Stelle immer wieder verlieren, sie neu suchen müssen.

»Und wenn ich nein sage?«

»Darf ich es eben nicht tun.«

»Und wenn ich es dir über lange Zeit nicht erlaube, und all deinen Bitten und Betteln nützt nichts, ich sage immer noch nein, und du hältst es einfach nicht mehr aus – was dann?«

»Ich muss es aushalten.«

»Und wenn nicht? Nehmen wir an, du hast es trotzdem gemacht – wirst du es mir beichten?«

»Ja.«

»Obwohl du weißt, dass das Folgen für dich haben wird?«

»Ja.«

»Schmerzhafte Folgen.«

»Trotzdem.«

»So ist es gut«, lobt er, kreist meinen Kitzler ein und lässt seine Fingerspitzen darauf tanzen. »Und wenn ich dich danach frage, wirst du mir erzählen, was du dir dabei vorgestellt hast. Deine kleinen Fantasien ...«

»Ja«, wimmere ich, und mein Po wölbte sich unwillkürlich nach hinten, seiner Hand entgegen, was aber nur den gegenteiligen Effekt hat und seine Finger wieder zu einer uninteressanten Stelle verrutschen lässt. »Oh, bitte, bitte!«

»Lieg doch still, du brauchst bloß stillzuliegen«, amüsiert er sich. »Als du es dir eben gemacht hast, an was hast du da gedacht?«

»An dich.«

»An mich?«

»Ja, an dich.«

»Was hab ich mit dir gemacht?«

»Mich bloßgestellt ...«

»Vor anderen?«

»M-hm.«

»Vor wem? Und wie?«

Ich ächze, stöhne, flehe ihn an, unfähig, meinen zuckenden Körper ruhig zu halten, und jetzt hat er endlich Mitleid mit mir, schiebt seine Hand zwischen uns und dann von vorne zwischen meine Schenkel.

»Ich streichle dich weiter, und du erzählst.«

»In einem Laden ... in der Umkleide ... du hast den Vorhang aufgemacht ... und die Verkäuferin hat mich gesehen ... ahhh ... oh ... ja ... ja ... fast nackt ... meine Striemen ...«

»War das Absicht?«

»Du hast so getan, als wär's ein Versehen, aber in Wahrheit ...«

»... sollte sie sehen, wie unser Verhältnis ist?«, führt er meinen Satz zu Ende. »Dass du gerade von mir bestraft wurdest?«

»Ja ... ja ...«

»Was war das für ein Gefühl? Hat dich das verletzt?«

»Es war schrecklich! Ihr Gesichtsausdruck ... so verächtlich ... ahhhh, nicht aufhören ... bittebitte ...«

»Ich hör' nicht auf. Erzähl weiter. Hast du mich gehasst, weil ich dir das angetan habe?«

»Und wie! Du hast gelacht ...«

»Über dich?«

»Auch. Über alles ... die Situation ... meine Wut ... vor Freude ... oder auch Stolz ... auf deine Macht ...«

»Und dann?«

»Dann ... war da noch ein anderer Verkäufer ... Ich musste mich vor ihm bücken ... du hast mich gezwungen ... Ich hatte keine Wahl ... war ganz abhängig von dir ... wirklich abhängig ... Ich hatte nichts mehr, überhaupt kein Geld ... aahhh, bitte! Bitte!!«

»Gleich«, lächelt er. »Ich lass dich gleich kommen. Sag mir nur noch eins: Wünschst du dir das? Würdest du gern ganz abhängig sein? In Wirklichkeit?«

»Nein! Es ist nur ... nur ...«

»Ein geiler Gedanke?«

»Ja.«

»Ja«, bestätigt er rau, und ich spüre seine Hitze, sein drängendes Verlangen an meiner Hüfte. Aber er kommt nicht zu mir, sondern treibt mich jetzt konsequent auf den Gipfel zu. Nach Sekunden ist der Punkt überschritten. Meine Nägel graben sich in seinen Rücken, dass er vor Schmerz aufkeucht, und jetzt dringt er in mich ein, mit einem brutalen Stoß, wie um es mir zu vergelten. Er packt meinen Hintern und stößt noch einmal mit aller Gewalt zu. Meine inneren Muskeln schließen sich um ihn, umklammern ihn zuckend.

»O Gott«, stöhnt er, »o Gott, ich ... ahhh!« Ächzend vergräbt er sein Gesicht an meiner Schulter, sein Rücken krümmt sich, wird hart wie ein Panzer. Erst als mein ganzer Körper erschöpft erschlafft, löst sich auch nach und nach die Spannung in seinen Gliedern – außer in dem einen, das sich immer wieder verlangend in mir regt.

Er zieht seinen Kopf aus meiner Halsbeuge zurück, um mich anzusehen. »Mein kleiner Schraubstock«, murmelt er zärtlich lächelnd. »Du hast aber auch eine Kraft in diesen Muskeln! Oh, ich liebe das! Als wolltest du mich auspressen ...«

Einige Strähnen meines Haars haben sich kitzelnd an seine schweißfeuchte Wange geheftet, und er versucht, sie am Kopfkissen abzustreifen, offenbar nicht bereit, seine Hand zu benutzen, die immer noch meine rechte Hinterbacke umschließt, fest mit ihr verwachsen scheint. Schließlich hebe ich meinen Kopf kurz an, fasse mein Haar im Nacken zusammen und ziehe es nach hinten.

Er nickt dankbar. Seine Augen sind dunkel und verschleiert vor Gier, aber er nimmt sich zusammen, verharrt völlig reglos in mir, und sagt leise: »Wenn du das irgendwann doch möchtest ... mir auf die Art gehören, in Wirklichkeit, nicht nur im Spiel, dann kannst du das. Ich bin bereit, die ganze Verantwortung zu übernehmen. Und das sag ich jetzt nicht nur so dahin ... aus Geilheit ...« Genau in dem Moment zuckt sein Glied heftig in mir, was uns beide zum Lachen bringt und ihn fast aus mir herausrutschen lässt. Schnell schiebt er nach. »Ich meine, ich hab drüber nachgedacht. Was das in der Konsequenz bedeutet. Ob ich es kann. Hundert Prozent und für immer ... Also, ich bin bereit, wenn du es willst.«

»Und du? Willst du das?«

»Ich weiß nicht«, sagt er nach überraschend langem Zögern. »Ich bin noch nie so weit gegangen. Aber ganz tief in dir drin, da spüre ich so eine Sehnsucht ... dich vollständig fallen zu lassen, dich ganz hinzugeben, den eigenen Willen aufzugeben, dich absolut zu unterwerfen ... Und das löst das in mir aus. Dass ich dich beschützen will, für dich sorgen will, als wärst du ... nein, nicht ein Kind, das wäre asexuell ... schon eine Frau, aber in der Situation eines Kindes, eben ganz abhängig von mir, hilflos, völlig verloren ohne mich ...« Er stößt ein paarmal sacht zu. »Erregt dich das? Wenn ich darüber spreche?«

»Ja.«

Er fängt an, sich in mir zu bewegen, träge, fast beiläufig, während er mich träumerisch ansieht. »Mehr? Wie es sein könnte?«

»Ja.«

»Aber nicht erschrecken. Es ist nur ein Gedankenspiel, eine Möglichkeit, okay?«

»Ja. Sag.«

»Also«, beginnt er mit leiser, sinnlicher Stimme, »bevor du zu mir kommst, musst du alles verschenken, was du besitzt. Du wirst nicht arbeiten, also kein Einkommen haben. Ich werde dir alles geben, ein schönes Zuhause, was du zum täglichen Leben brauchst, Dinge, von denen ich weiß, dass du Freude daran hast, und so weiter. Es soll dir an nichts fehlen. Aber ich werde alles auf meine Rechnung kaufen, womit es mein Besitz ist. Ich werde dich absichern, für den Fall, dass mir was passiert, aber solange ich lebe, wird dir nichts gehören, nicht mal die Wäsche, die du am Leib trägst. Ich will in jeder Hinsicht für dein Wohlergehen sorgen. Ich werde alles tun, damit du gesund bleibst, dir nur die besten Dinge zu essen geben, dir ein Trainingsprogramm zusammenstellen, dich zu den Vorsorgechecks begleiten und so weiter. Ich werde für deine geistige Anregung und für deine Unterhaltung sorgen. Aber es wird meine Entscheidung sein, womit du deine Zeit verbringst, was du liest, welche Filme du siehst, welche Musik du hörst. Ich werde dich mit interessanten Menschen zusammen bringen. Aber du wirst keinen Umgang haben, den ich nicht gutheiße. Das kann unter Umständen bedeuten, dass ich dir sogar verbieten werde, deine Verwandten zu sehen, nämlich wenn ich den Eindruck habe, dass dir dieser Kontakt nicht guttut. Ich werde deine Wünsche berücksichtigen, aber ich werde nicht darauf eingehen, wenn ich es nicht für richtig halte. Du wirst Vorschläge machen und Einwände vorbringen dürfen, aber es wird keine langen Diskussionen geben, und wenn ich meine Entscheidung getroffen habe, hast du dich zu fügen. Wenn du es nicht tust, werde ich deinen Gehorsam erzwingen.« Er küsst mich weich und schmelzend, und dann gibt er mir einen harten, mich bis ins Innerste erschütternden Stoß, der mich laut aufstöhnen lässt. »Natürlich lässt sich materielle Abhängigkeit nicht hundertprozentig erreichen«, fährt er fort. »Es wird immer einen Weg für dich geben, dass du rein physisch ohne mich überleben kannst. Aber ich werde alles daransetzen, dich mir emotional und sexuell so hörig zu machen, dass du keine zwei Wochen ohne mich überstehst. Ich werde Gefühle in dir wecken, die du jetzt noch nicht für möglich hältst, und ich werde deine Lust erregen und befriedigen, dass es dich für immer verdirbt. Dass du auf Knien zu mir zurückgeruscht kommst, weil du es nicht aushältst. Dass du mich anflehst, dich wieder aufzunehmen, egal um welchen Preis ... Traust du mir das zu?«

»Ja«, seufze ich und werde mit einigen weiteren festen Stößen belohnt.

»Wirklich?«

»Ein Tag mit dir«, ächze ich, »und jetzt sieh ... mich an ...«

»Du meinst, ich hab dich schon verdorben?«

»Ja.«

»Noch nicht genug, noch lange nicht genug«, murmelt er rau und drückt mich mit seinem Gewicht auf den Rücken. Er packt eins meiner Beine, legt es sich über die Schulter und schraubt sich tief in mich hinein. »Sag, dass du mich liebst.«

»Ich ... ich ...«

»Sag es!«, drängt er und fängt an, mich zu stoßen, so aufreizend sinnlich, so exquisit, dass ich vergehe. Trotzdem will das eine Wort nicht aus meinem Mund. *Ich will dich, ich brauche dich, ich bin verrückt nach dir, ich kann nicht ohne dich leben, ich bin besessen von dir,* jaja, das alles kann ich ohne weiteres sagen. Aber nicht das eine, das nicht.

»Ich weiß, dass du mich liebst, aber sag es!«, fordert er stur. »Sag es!«

Ich spüre den Drang seines Körpers, sich schneller zu bewegen, immer schneller, spüre sein Zittern, den ihn erfassenden Rausch, aber er schert sich nicht darum, gibt seiner Lust nicht nach. Sein Wille, meine innere Festung zu stürmen, ist stärker, und die Lust, die er mir bereitet, wird zur Waffe, sein Glied zu einem Rammbock, mit dem er die Mauer zu sprengen hofft. Hartnäckig rennt er gegen den Widerstand an. Ich ergebe mich nicht freiwillig, kämpfe, wehre mich gegen den Angriff auf mein Innerstes und unterliege schließlich doch. Er presst mir die Worte ab – die auch vorher schon wahr waren, es jetzt aber noch mehr sind, weil er mich unterworfen hat, weil er die Stärke hat, mich zu besiegen. Er versetzt mich in einen besinnungslosen Taumel, in eine Raserei, die mich die Worte immer wieder hervorstoßen lässt. Erst als er meinen Orgasmus spürt, lässt auch er sich gehen. Er stößt noch ein paarmal mit aller Gewalt zu, wirft den Kopf in den Nacken und stöhnt: »Ich dich auch! Ich dich auch! So sehr!« Dann bricht er auf mir zusammen.

Die Morgendämmerung zieht bereits herauf, wirft schwaches Licht durch die hellen Vorhänge, als wir uns voneinander lösen. Er geht ins Bad, kommt aber schnell genug zurück, dass ich noch spüre, wie er mich in seinen Armen zurechtlegt, bevor ich erschöpft einschlafe.

»Du brauchst wirklich einen Herrn, der sich um dich kümmert«, seufzt er, als wir einige Stunden später ausgeschlafen in der Küche stehen, er in meinem Bademantel, ich in einem alten blauen Big-Shirt. »Kein Obst, kein Gemüse, kein Müsli, kein Saft, nicht mal gescheites Brot.«

»Guck mal ins Gefrierfach, ich hab Brötchen zum Aufbacken.«

»Back-und-Papp!«, nörgelt er abfällig. »Da sind überhaupt keine Nährstoffe drin. Bloß leere Kalorien.«

»Wie wär's denn mit ein paar Eiern?«, schlage ich vor.

»Von KZ-Hühnern, vergiss es!«, lehnt er verächtlich ab. »Lass uns zu mir fahren, ich hab alles mögliche da. Oder irgendwo anders frühstücken. Im Hyatt zum Beispiel.«

»Aber das ist auf der anderen Seite«, maule ich. »Bis wir mal da sind, das dauert ja ewig. Gleich um die Ecke ist ein Bistro, da gibt's auch Frühstück.«

»Vom Regen in die Traufe!«, stöhnt er und verdreht missbilligend die Augen. »Dann lieber hungern.«

»Na meinetwegen, fahren wir eben«, gebe ich nach und verteile den Kaffee, der gerade durchgelaufen ist, in die beiden bereitgestellten Becher.

Befriedigt nickt er und stellt die Becher auf den Küchentisch. Eigentlich habe ich vor, den Kaffee nebenbei zu trinken, während des Anziehens, aber er hat bereits am Tisch Platz genommen und sagt: »Komm her, setz dich. Ich will mit dir reden.«

Mein erster Gedanke ist, dass er jetzt auf das Thema von gestern zurückkommen will: meine Entscheidung ...

Aber seine Miene hat sich verdunkelt, ist plötzlich ganz ernst, und nachdem er mich noch einmal aufgefordert hat, mich zu setzen, murmelt er niedergedrückt: »Ich muss dir was sagen.«

Mein Herz macht einen erschreckten Satz und fängt dann an zu galoppieren. Eine Beichte! Er hat mir etwas zu sagen, und was das sein wird, ist ja wohl vollkommen klar! Die Situation ist schließlich ein Klassiker!

»Ich hätte es dir gleich sagen müssen«, fängt er zögerlich an, »spätestens gestern Abend, aber ...«

Die Eröffnung so unoriginell wie das Thema! Aber ich werde nicht fragen. Ich werd's ihm nicht leichter machen. Schon gar nicht werde ich verständnisvoll sein. Ich werde ihn den Brocken rauswürgen lassen, und dann ... dann bringe ich ihn um!

»... aber ich wusste nicht wie. Es ging alles so schnell, und ich dachte ... dass du ... also ich ...«

»Na los, los, sag's schon!«, schnauze ich ihn an, alle meine Vorsätze vergessend. »Deine Verwandten in Ungarn, das sind nicht deine Onkel und Tanten, sondern *deine Familie*, Frau und vier Kinder, für die du hier Kohle ranschaffst, aber es gibt Hoffnung, du wirst sie verlassen, ich muss nur ein bisschen Geduld haben! Hab ich was vergessen?«

»Nein!«, ruft er aus und sieht mich völlig verdutzt an. »Ich bin nicht verheiratet! Nie gewesen. Wie kommst du denn darauf?«

»Na, wie du hier sitzt, wie du mich anguckst ...«, gebe ich tonlos zurück, nervös die feuchten Kringel neben der Tasse mit den Fingerspitzen auf der Tischplatte verreibend. »Das ist es doch meistens.«

»Na, in dem Fall nicht«, sagt er leise und verfällt in brütendes Schweigen.

Vor Erleichterung, dass ich mit meiner Vermutung danebenlag, atme ich auf und entspanne mich wieder. »Sag's mir«, ermuntere ich ihn. »Wird schon nicht so schlimm sein.«

»Ist es auch nicht«, erwidert er gequält, weicht aber meinem Blick verlegen aus. »Finde ich zumindest. Aber du wirst das wahrscheinlich anders sehen. Es ist ... äh ... naja ... Scheiße, du wirst sauer sein!« Er atmet tief ein, stößt die Luft geräuschvoll wieder aus und sagt dann schnell: »Also, um es kurz zu machen: Ich bin kein Callboy.«

Die Sekunden ticken dahin, während ich reglos dasitze, benommen, als hätte mir jemand einen Schlag auf den Kopf verpasst.

»Es ist ein Fehler passiert, bei der Anzeige«, erklärt er hastig und sprudelt dann die Einzelheiten nur so heraus. »Bei der Telefonnummer von diesem Leon wurden die beiden letzten Ziffern vertauscht, und was dann in der Zeitung stand, war meine Nummer. Er hat mich angerufen, sich entschuldigt und gefragt, ob ich den Frauen das erklären und ihnen die richtige Nummer geben könnte, er wäre gerade erst hierhergezogen, und es wäre ja eine ziemlich schlechte Einführung, wenn die Frauen ihn jetzt nicht erreichen könnten, er würde mir auch was dafür bezahlen, und so weiter. Dann kamen wir ins Plaudern, er hat mir von seinem Job erzählt und ich ihm, was hier so in der SM-Szene abgeht, wo die besten Partys sind, alles mögliche. Na ja, es haben nur zwei Frauen vor dir angerufen, und die habe ich weitergeleitet. Du bist die einzige, bei der ich mich für ihn ausgegeben habe, ich schwöre! Es ist einfach mit mir durchgegangen. Ich fand's spannend, den Gedanken, es für Geld zu machen, auch eine Frau kennenzulernen, die es für Geld gemacht haben will, und ich war einfach auch unglücklich, allein, ja, eben auch geil. Ich hab die Situation ausgenützt, geb' ich zu. Und dann hab ich mich in diese Geschichte verwickelt. Als wir telefoniert haben und sich rausstellte, dass du gar nicht wusstest, dass du einen Profi angerufen hast ... Na ja, im Nachhinein sieht das immer ganz anders aus. Ich könnte jetzt sagen, dass du mich da kalt erwischt hast und dass ich die Rolle deshalb einfach weiter durchgezogen habe. Zum Teil stimmt das auch, ich hab nicht schnell genug geschaltet, aber mit irgendeinem blöden Witz wäre ich da schon wieder rausgekommen. Die Wahrheit ist, dass mich die Sache gereizt hat. Du wolltest keinen Callboy, und ich wollte sehen, ob ich dich dazu kriege, das zu akzeptieren, ob ich dich so verrückt machen kann, dass es dir egal ist. Na ja, und dann kamen diese ganzen Gefühle ins Spiel. Ich fing an, mich in dich zu verlieben. War ja klar, dass du das nicht gut aufnehmen würdest, dass ich dir was vorgemacht hab. Gestern war ich schon drauf und dran, es dir zu sagen, aber dann dachte ich wieder: Warum was riskieren, belasse es dabei, dass du aufhörst. Aber jetzt bin ich mit dir an einen Punkt gekommen, wo ich dir einfach nichts mehr vorspielen kann, nichts mehr vorspielen *will*. Tut mir leid, dass ich überhaupt erst ... na ja.« Mit einer verlegenen Geste bricht er ab und greift nach meiner Hand, die kalt und schlaff auf dem Tisch liegt. Er drückt sie an seine Wange, küsst sie. »Es tut mir leid.«

Fassungslos habe ich seiner Erklärung gelauscht, die mich mit jedem Wort mehr und mehr zu Eis erstarren ließ, und wahrscheinlich ist es diese Berührung, die Wärme und Lebendigkeit seiner Lippen, die mich wieder aus dieser Starre reißt.

»Du hast so gut wie nichts von dir erzählt, und das wenige, das war auch alles erfunden«, stelle ich mit brüchiger Stimme fest.

»Nicht alles, aber sicher vieles«, gibt er unglücklich zu. »Ehrlich gesagt, weiß ich gar nicht mehr, was ich dir am Anfang alles erzählt hab. Später hab ich versucht, möglichst wenig zu sagen.«

»Ich weiß nicht mal deinen Namen und wäre beinahe ... oh, nein! Scheiße, wie konntest du das tun? Wie konntest du?«

»Es tut mir leid«, wiederholt er geknickt. »Es tut mir so leid. Was kann ich sagen? Ich heiße Thomas. Tom.«

Eine unbändige Wut steigt in mir auf, ein Zorn, der beinahe schon an Hass grenzt. Ich reiße meine Hand weg, als hätte ich mich verbrannt. »Du hast mich angelogen! Du hast verlangt, dass ich dir vertraue, und du hast mich angelogen?!«

»Ich weiß«, sagt er bedrückt. »Entschuldige.« Er versucht sich meine Hand zurückzuholen, aber ich ziehe sie immer wieder weg, schlage nach ihm, bis er es aufgibt. »Ich habe dich über meinen Job belogen«, sagt er geknickt. «Aber nie über meine Gefühle für dich. Nie! Glaub mir. Bitte.«

»Ich soll *dir* glauben?!« Der Stuhl kracht hiner mir zu Boden, als ich wutentbrannt aufspringe. »Ich wusste, dass was nicht stimmt! Ich wusste es die ganze Zeit! Als wenn sich ein Callboy in eine Kundin verknallen würde, die da gerade mal vorbeikommt! War doch klar, dass da was faul ist! Aber du hast das abgestritten, hast mich eingeschläfert mit deinem Gerede über Liebe und Vertrauen. *Vertrau mir, vertrau mir!* Und ich hab dir vertraut. Ich hab dir so sehr vertraut, dass ich beinahe... Was bin ich bloß für ein Idiot gewesen!«

»Nein, der Idiot war ich! Ich hab einen Fehler gemacht. Aber ich habe dir nicht meine Liebe vorgespielt, das musst du mir glauben! Dass ich dir das jetzt gesagt hab, ist doch der Beweis! Ich hätte so tun können, als ob ich aufhöre, aber ich *wollte* dich einfach nicht länger anlügen!«

»Hältst du mich für so blöd?«, schreie ich, dass die Wände wackeln. »Morgen musst du wieder an irgendeinem Schreibtisch erscheinen, und da ist dir wohl eingefallen, dass du mir nicht verkaufen kannst, dass du über Nacht einen Von-acht-bis-fünf-Job aufgetan hast! Du hattest gar keine andere Wahl!«

»Ich muss an keinem Schreibtisch erscheinen, von daher wäre das kein Problem gewesen«, sagt er sehr, sehr ruhig. »Ich habe zwar gesagt, dass ich dir manches verschweigen muss, damit das Spiel funktioniert, aber diese Sache gehört nicht dazu, und dass ich dich belogen habe, lag mir wie ein Stein im Magen. Ich musste es dir sagen, weil ich dich liebe. Das ist der einzige Grund. Ich habe einen Fehler gemacht, und ich verstehe, dass du wütend bist. Aber ich habe mich aufrichtig entschuldigt. Du musst mir verzeihen. Bitte!«

Er steht auf, kommt auf mich zu und greift nach mir, aber ich stoße ihn fort.

»Du kapierst es nicht, was? Alles, was wir hatten, beruhte auf Vertrauen! Auf *meinem* Vertrauen! Wer sagt mir, dass das jetzt nicht schon wieder eine neue Lüge ist? Ich kann dir nicht mehr glauben! Wie soll ich dir je wieder irgendwas glauben können? Sag mir das, wie? Ich vertraue dir nicht mehr! Ich kann dir einfach nicht mehr vertrauen!«

»Ach komm, jetzt übertreibst du aber!«, versucht er, mich zu beschwichtigen, und der Anflug eines Lächelns spielt um seine Mundwinkel.

Vielleicht bilde ich mir die Herablassung nur ein, aber dieses kleine Lächeln und sein nachsichtiger Ton reichen in dem Moment aus, um bei mir alle Sicherungen durchbrennen zu lassen. Ich verliere die Beherrschung, gehe wild auf ihn los, schlage auf ihn ein, treffe sogar manchmal, und schreie in einem fort: »Raus! Verschwinde! Hau ab! Ich will dich nie wieder sehen! Geh schon! Los, raus!«

Er versucht, meine Schläge abzuwehren, ohne mir wehzutun, und gleichzeitig beruhigend auf mich einzureden, was mich aber nur immer noch mehr aufbringt. Das einzige, was mich jetzt beruhigen kann, ist der Anblick seines Rückens, der sich zur Tür rausbewegt.

Schließlich hat auch er genug von dieser Nummer. »Okay, okay, ich verschwinde! Ich ziehe mich an und gehe! Wenn dich das glücklich macht!«

»Ja, macht es!«, schleudere ich ihm hasserfüllt entgegen. »Hau bloß ab!«

Ich brauche es nur noch einmal zu wiederholen, als er wenige Minuten später fertig angezogen zur Tür hereinschaut, wohl um zu sehen, ob ich es mir noch anders überlegt habe, dann ist er endlich verschwunden.

Kaum ist die Haustür ins Schloss gefallen, stürze ich mich wütend auf die Videos, reiße die Bänder aus den Kassetten und schneide sie mit einer Schere kurz und klein, zerstöre die Fotos und werfe alles, zusammen mit dem noch herumliegenden Rest des *Bazars*, in den Müllschlucker. Nachdem ich das Bett neu bezogen, die benutzte Bettwäsche und meinen Bademantel gewaschen und die ganze Wohnung mit einer Besessenheit geschrubbt habe, dass mir von den Putzmitteldämpfen schon schlecht ist, stelle ich mich unter die heiße Dusche, so heiß, wie ich es gerade noch aushalten kann. Als ich mich eingecremt, angezogen und meine Haare geföhnt habe, ist es fast sechs. Noch über zwei Stunden, bis Egbert hier erscheinen wird.

Mit dem Focus vom letzten Montag, den ich noch keine Zeit hatte zu lesen, setze ich mich auf die Couch, versuche hartnäckig, mich abzulenken, wenigstens ein paar der Artikel von Anfang bis Ende zu lesen, obwohl ich nach ein paar Absätzen immer wieder von vorne anfangen muss. Mein Kopf ist wie betäubt, und oft ertappe ich mich dabei, dass ich minutenlang einfach nur dasitze und vor mich hinstarre, innerlich so wund und leer, dass ich nicht mal weinen kann.

Schließlich schreckt mich Egberts Klingelzeichen auf. Ich blicke zur Uhr und erkenne, dass es fast halb neun ist. Natürlich. Egbert ist immer pünktlich.

Ich höre, wie er eilig die Stufen heraufspringt, seinen Schlüssel ins Schloss schiebt und die geöffnete Tür unbekümmert laut zurück ins Schloss knallt, sehe ihn hereinstürmen, sein strahlendes, aufgeregtes Gesicht, während er mir, noch in der Jacke, gleich voller Begeisterung von seinen Erlebnissen zu berichten beginnt, von dem Schulungsprogramm, dem ganz erstaunlichen Dozenten, den anderen Teilnehmern. Ich bemühe mich zu lächeln, dann und wann ein paar interessierte Laute von mir zu geben, während sein ganzer Vortrag mehr oder weniger ungehört an mir vorüberzieht.

»Und wie geht's dir?«, fragt er schließlich, sich neben mich auf die Couch setzend. Er nimmt mich in den Arm, küsst mich auf den Mund und grinst: »Hallo erst mal.«

»Hallo«, gebe ich mit so schwacher Stimme zurück, dass ihm trotz seiner aufgekratzten Stimmung auffällt, dass etwas nicht stimmt.

»Ist was?«, fragt er besorgt. »Geht's dir nicht gut?«

»Doch, doch«, lüge ich schnell.

»Na!«, macht er zweifelnd.

»Ich hab dich nur vermisst.«

Das ist keine Lüge. In dem Moment, in dem ich es ausspreche, ist es wahr. Ich sehe in sein offenes, ehrliches Gesicht und spüre eine so starke Zuneigung für diesen Mann in mir aufsteigen, wie ich sie schon lange nicht mehr empfunden habe, eine tiefe Verbundenheit, ein Gefühl von Zusammengehörigkeit, von dem ich mir jetzt gar nicht mehr vorstellen kann, dass ich je daran gezweifelt, es sogar ernsthaft in Frage gestellt habe.

Ein wenig überrascht sieht er mich an, zieht mich aber in seine Arme und drückt mich an sich. Er riecht noch nach Zug, nach fremden Orten, aber darunter erkenne ich seinen eigenen Geruch, spüre unter meinen Händen seinen mir so vertrauten Körper, seinen Rücken, die Wirbelsäule, die Rippen, die Muskeln, und mit einer fast verzweifelten Sehnsucht klammere ich mich an ihn.

»Schlaf mit mir«, flüstere ich an seinem Hals. »Ich brauch dich jetzt. Bitte, schlaf mit mir.«

Noch nie habe ich etwas Derartiges zu ihm gesagt, und entsprechend verwirrt reagiert er auch.

»He, was ist denn mit dir?«, fragt er misstrauisch und biegt seinen Kopf zurück, um mich ansehen zu können. »Irgendwas stimmt doch nicht.«

»Schsch, nicht reden jetzt«, murmele ich, klettere auf seinen Schoß und presse meine Lippen auf seinen Mund. Er versucht auszuweichen, will etwas sagen, aber ich verschließe seinen Mund wieder mit meinem, küsse ihn, bis er seinen Widerstand aufgibt, seine Lippen weich werden und er meinen Kuss erwidert. Seine Arme schließen sich um meinen Rücken, und schon bald küsst er mich mit Feuereifer. An meinem Schoß spüre ich den Druck seiner wachsenden Erektion. Aber ich bin zu ungeduldig, bewege mich zu heftig gegen ihn, will, dass er mich packt, mich niederringt, mich an den Haaren zu Boden zerrt, mir die Sachen zerfetzt und über mich herfällt, den Mann auslöscht, der zuletzt in mir war, Leon, Thomas oder wie auch immer ...

»He, was machst du denn? Hör auf damit!«, beschwert Egbert sich. »Was ist bloß mir dir los?«

»Frag doch nicht!«, stöhne ich außer mir und reiße mir meine Bluse selbst auf. »Nicht jetzt! Bitte, mach einfach mit! Bitte!« Ich ergreife seine Hände führe sie an meine Brüste. »Kneif mich in die Brustwarzen! Ganz fest, so fest, dass mir die Tränen kommen! Bitte! Tu mir weh! Bitte!«

»Drehst du jetzt völlig durch oder was?«, fährt er mich ziemlich aggressiv an und schubst mich von seinem Schoß.

»Ja, ja, schmeiß mich hin!«, keuche ich erregt. »Mach noch mehr, irgendwas! Tu mir weh!«

Als ich seinen fassungslosen Blick sehe, ist mir klar, dass ich alles falsch gemacht habe. Wie würde ich denn reagieren, wenn ich nach Hause käme, und statt des Mannes, den ich zurückgelassen habe, einen wild gewordenen Masochisten vorfände, der sich mir an den Hals wirft und mich anfleht, seine Brustwarzen zu quälen? Wenn ich doch bloß vernünftig mit ihm geredet hätte, anstatt ihn so anzufallen!

»Tut mir leid, dass ich dich so ...«, stammele ich. »Ich war nur ... Also, ich hab rausgefunden, dass mich das ... na ja ... in Stimmung bringt. ... Wenn man mir wehtut.«

Fieberhaft überlege ich, wie ich ihm möglichst schonend die Frage beantworten kann, die jetzt unweigerlich kommen muss, nämlich, wie ich das rausgefunden habe. Doch die Mühe habe ich mir völlig umsonst gemacht, denn er sieht mich an, als wäre ich irgendein widerliches Insekt, und hält mir mit schneidender Stimme einen langen Vortrag, der mit der wütenden Erklärung beginnt, dass er mich geliebt hat, weil ich eben nicht so war wie all die anderen, sondern ein anständiges und sauberes Mädchen, mit einem natürlichen Schamgefühl und echt weiblicher Zurückhaltung und mit dieser gebenden Haltung, die einem Mann wirklich Lust und Befriedigung verschafft. Dann beginnt er, in aller Deutlichkeit darzulegen, was er von sexbesessenen Frauen hält, insbesondere von perversen, sexbesessenen Frauen. Als das Wort »Monster« fällt, schalte ich endgültig ab.

Dieses ganze Gerede, dass Sex nicht so wichtig ist, dass es ihm nichts ausmacht – alles Lüge. Er hat meinen Mangel an Empfindung nicht akzeptiert, wie einen Makel an einem Menschen, den man so sehr liebt, dass es einem egal ist, sondern meine Frigidität hat ihn *aufgegeilt*.

Als er seinen ganzen Zorn darüber, dass ich mich nun auch als »eine von diesen dreckigen Nutten« erwiesen habe, über mich ausgeschüttet hat, rennt er ins Schlafzimmer, reißt seine paar Sachen aus dem Schrank und wirft sie in eine meiner Reisetaschen. Die er mir per Post zurückzuschicken verspricht, denn es muss ja alles seine Ordnung haben. Dass er Geld für seine Investition in unsere gemeinsame Zukunft, die Schlafzimmereinrichtung, von mir verlangt, überrascht mich danach kaum mehr. Als ich ihm daraufhin klarmache, dass ich seine Scheißmöbel aus dem Fenster schmeißen würde, wenn er sie nicht bis morgen Abend aus meiner Wohnung geschafft hätte, empfiehlt er mir einen längeren Aufenthalt in einer Irrenanstalt. Dann wirft er mir meinen Schlüssel vor die Füße, ich revanchiere mich mit seinem Ring, und nachdem er das teure Stück vom Boden aufgeklaubt hat, verlässt er grußlos das Schlachtfeld.

»Du hast recht gehabt«, heule ich kurz darauf in Thomas' Box. »Mit allem. Er hat mich nie geliebt. Ich hab ihm gesagt, was mit mir ist, und er ist gegangen.«

Ich bin noch immer in Tränen aufgelöst, als Thomas eine ganze Weile später zurückruft.

»Und? Erwartest du jetzt von mir, dass ich komme und dich tröste?«, fragt er mit unverhohlener Freude an meiner Not. »Vergiss es! Du hast deine Entscheidung getroffen. Du hast mich rausgeworfen.«

»Aber nicht ohne Grund«, schluchze ich. »So, wie du mich angelogen hast ...«

»Okay, das war ein Fehler, und das hab ich auch zugegeben. Ich hab mich entschuldigt.«

»Und ... und jetzt hab ich einen Fehler gemacht ... Und mir tut's auch leid.«

»Ach, denkst du etwa, damit sind wir quitt? Ich hab dich so gebeten, mir zu verzeihen, aber du wolltest ja nicht. Du hast dich stur gestellt und mich vor die Tür gesetzt. Und jetzt, wo dein Freund Schluss gemacht hat, bin ich auf einmal wieder gut genug? Also, das hab ich nun wirklich nicht nötig. Ich will keine Frau, für die ich nur zweite Wahl bin.«

»Aber ... aber so ist das doch gar nicht«, heule ich verzweifelt. »Es war ... diese lange Zeit und ... und so eine Bindung ... Ich war so dumm ...«

»Allerdings.«

»Bitte... bitte ... Es tut mir so leid ... Verzeih mir ...«

»Warum sollte ich? Sag mir einen Grund, warum ich weniger stur sein sollte als du?«

»Du ... du hast gesagt, du liebst mich ...«

»Und?«

»Jetzt ... nicht mehr?«

»Doch, aber glaub bloß nicht, dass du deswegen bei mir leichtes Spiel hast.«

»Bitte! ... Kannst du denn nicht verstehen ...«

»Aber ja!«, fällt er mir ins Wort. »*Verstehen* kann ich dich schon! Aber ich kann dir nicht verzeihen. Nicht so leicht.«

»Was kann ich denn tun? ... Was verlangst du? ... Ich tu alles ... Lass es mich wieder gutmachen, bitte! ... Kann ich zu dir kommen und ...«

»Nein!«, unterbricht er mich. »Ich will dich jetzt nicht sehen. Ich will dich eine ganze Weile lang nicht sehen.«

»Aber ... aber darf ich dich dann wenigstens anrufen?«

»Tjaaa«, macht er bedächtig und legt eine Pause ein. »Nun, das wirst du ja wohl müssen«, sagt er dann spöttisch-zärtlich. »Außer, du willst die nächsten Wochen in völliger Askese verbringen.«

»Du meinst ...«

»Du hast mich vorher um Erlaubnis zu bitten, ist das klar?«

»Vollkommen klar«, schniefe ich.

»Gut. Wenn du mich zurückwillst, wirst du dich anstrengen müssen. Und ich werd's dir nicht leicht machen. Ich werd' dich auf den Knien rutschen und betteln lassen und dir jede Minute meiner Enttäuschung doppelt und dreifach heimzahlen. Willst du mich trotzdem?«

»Ja.«

»Es ist dir diesmal wirklich ernst?«

»Ja. ... Ja!«

»Na, wir werden ja sehen. In acht Wochen gibt es eine Party. Da werde ich dich auf die Probe stellen.«

»Party? Probe? ... Wie denn?«

»Ich weiß noch nicht«, sagt er genüsslich. »Aber es wird in jedem Fall eine sehr demütigende, schmerzhafte Erfahrung für dich sein, das steht schon mal fest.«

»Vor ... anderen Leuten?«, stammele ich entsetzt. »Du willst mich ... o Gott!«

»Tja, wenn dir der Preis zu hoch ist, dann eben nicht.«

»Und wenn ... ich meine, danach ... wird es dann wieder gut sein?«

»Das kann ich dir nicht versprechen», sagt er freundlich. »Vielleicht reicht mir dieser eine Abend nicht als Genugtuung und es muss noch ein, zwei weitere geben. Das hängt ja auch von dir ab. Aber wenn du dich anstrengst, wenn du dich ehrlich um mich bemühst und mir beweist, dass dir alles daran liegt, mit mir zusammen zu sein, dann ist alles vergeben und vergessen.«

»Wirklich?«, schniefe ich.

»Ja. Und jetzt hör auf zu weinen.«

Gehorsam putze ich mir die Nase mit dem letzten Tempo aus der Packung und wische mein Gesicht mit den Händen trocken.

»Nacht, Sonia. Ich leg jetzt auf.«

»Nein, warte! Ich ...« Aber da ist die Verbindung schon unterbrochen, und die letzten beiden Worte sage ich nur noch zum Freizeichen.

Die Fortsetzung dieses Romans ist unter dem Titel
»Ohnmächtig verliebt«
erschienen (siehe nächste Seite).

Die Lügen meines Meisters – Teil 2

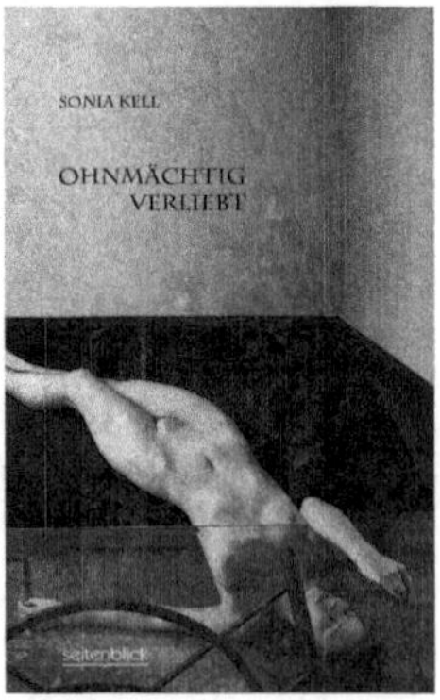

Sonia Kell

Ohnmächtig verliebt

ISBN: 978-3-933540-10-2

Leseprobe:
Ich erwarte, dass er aus dem Bett springt, sich anzieht und ohne ein weiteres Wort verschwindet, aber jetzt habe ich mich verrechnet. Er springt zwar auf, aber er zieht sich nicht an, sondern kommt herum auf meine Seite, packt mein Haar, schlingt es sich um die Hand und zerrt mich aus dem Bett. »Wenn du schon wieder so frech werden kannst«, sagt er scharf, »hast du wohl keine Schonung mehr verdient!« Es gibt kein Entkommen. Ich habe keine andere Wahl, als dem schmerzhaften Reißen zu folgen, und so lande ich auf dem Boden, vor ihm auf den Knien. Mit der einen Hand in meinem Schopf, packt er mit der anderen mein Kinn und zwingt mich, zu ihm hochzusehen. Im Gegensatz zu mir ist er nicht wirklich wütend. Er ist immer noch voll erregt, und es geht ihm nur darum, mich auf meinen Platz zu verweisen. Dummerweise schlägt mein ganzer Ärger sofort wieder in Verlangen um, als er mich in dieser Position festhält, mein Gesicht so nah seinem mächtigen Stamm, dass ich sein sachtes Beben fast an meiner Wange spüren kann, mein Blick, der aufwärts gezwungen wird, über seinen schönen, starken Körper hinweggleitet zu seinem Gesicht, in dem ein spöttisches Lächeln steht. Es ist zu spät, meine Augen niederzuschlagen; er hat die wieder aufgeflammte Lust darin bereits erkannt. »Bitte mich um Verzeihung«, befiehlt er mit rauer Stimme, während sein Blick mich durchbohrt, mich festnagelt auf diesem Platz zu seinen Füßen, auf den ich gehöre.

Weitere Bücher im Seitenblick Verlag

Sisa: Private Secretary.
Die Geschichte einer Leibeigenschaft Teil 1
180 S., ISBN: 978-3-933540-25-6

Die arbeitslose Sisa bewirbt sich als Privatsekretärin bei Thomas Hansen, Inhaber eines großen Computerunternehmens. Trotz ihrer mangelnden Qualifikation wird Sisa zum Vorstellungsgespräch eingeladen. Dabei stellen sich Hansens tatsächliche Interessen schnell heraus: Er hat im Internet Sisas Website entdeckt, auf der sie ihre Erfahrungen als Sklavin schildert und Fotos von sich in verschiedenen Sessions präsentiert. Hansen offeriert Sisa die Stelle – sie wird den Job aber nur dann bekommen, wenn sie gleichzeitig dazu bereit ist, ihm als Sklavin zu dienen. Dass sie mit der Unterschrift unter den Sklavenvertrag dem Teufel ihre Seele verkauft hat, merkt sie jedoch bald. Denn Hansen schwebt ein Verhältnis vor, das Sisa regelrecht zur Leibeigenen macht.

Sisa: Private Secretary, Teil 2
184 S., ISBN: 978-3-933540-28-7

A. Miros: Die Verlockung der Unschuld
180 S., ISBN: 978-3-933540-22-5

Sophie findet auf dem Dachboden ein altes, in unleserlicher Sütterlinhandschrift verfasstes Manuskript. Um zu erfahren, ob es wertvoll sein könnte, bringt sie es zu einem Antiquar – ohne zu ahnen, dass es sich um einen höchst anregenden SM-Roman handelt. Darin geht es um eine junge Ehefrau in der französischen Provinz, die davon träumt, erniedrigt und gequält zu werden. Die erotischen Visionen treiben sie fast in den Wahnsinn, bis sie eines Tages Rat beim neuen Arzt des Orts sucht. Dieser erspart ihr weitere wirkungslose Kuren und verhilft ihr wieder zu Wohlbefinden, indem er beginnt, ihre masochistischen Träume mit ihr zu verwirklichen. Der dominante Antiquar findet auf den ersten Blick Gefallen an dem Manuskript und auch an Sophie, die er für eine heimliche Sub hält. Er verführt das Mädchen dazu, sich etwas aus dem Roman von ihm vorlesen zu lassen – mit der Absicht, später ein paar Szenen aus der stimulierenden Lektüre mit ihr nachzuspielen.

Marco Eisner: Bitte erpressen Sie mich wieder
200 S., ISBN: 978-3-933540-26-3

Die Bankmanagerin Patrizia greift bei einer günstigen Gelegenheit in die Kasse. Zu diesem Zeitpunkt testet der Sicherheitsbeauftragte Martin Karl gerade ein neues Überwachungssystem und zeichnet den Diebstahl zufällig auf. Da Patrizia ihn einmal vor seinen Kollegen gedemütigt hat, will er sich nun rächen. Er konfrontiert Patrizia mit dem Video, und da ihre ganze Karriere auf dem Spiel steht, ist sie bereit, alles zu tun, damit die Sache nicht herauskommt. Allerdings verlangt Martin keinen Anteil an der Beute, sondern ihren bedingungslosen sexuellen Gehorsam. Aus Angst, alles zu verlieren, geht sie darauf ein. Plötzlich beendet er jedoch die Erpressung und will sie privat nicht wiedersehen. Inzwischen hat sie aber Gefallen daran gefunden, dass er sie zwingt, ihm auf vielerlei Weise gefällig zu sein.

Why-Not: Dämonen der Leidenschaft
176 S., ISBN: 978-3-933540-23-2

In ihrem Mexiko-Urlaub besucht Anita nach einer Nacht voller Albträume eine uralte Kultstätte. Obwohl die Touristenattraktion völlig überlaufen ist, gelingt es einer kriminellen Bande, Anita zu entführen. Anitas Albträume scheinen Wirklichkeit zu werden. Sie wird gefangen gehalten, gedemütigt und von einem skrupellosen Sadisten ersteigert, der ihr damit droht, sie als Organspenderin auszuschlachten, wenn sie sich ihm nicht fügt. Ein Fluchtversuch misslingt. Zwar taucht ein Mann auf, der Anita vor einem grausamen Schicksal bewahrt, doch er scheint dabei auch nur eigennützige Ziele zu verfolgen. Trotzdem ist sie von ihm fasziniert. Er entfacht in ihr den wilden Drang, sich ihm zu unterwerfen, und wie unter einem Zwang gibt sie diesem Verlangen nach.

Marie Jo: Der Liebe ganze Härte
220 S., ISBN: 978-3-9805399-3-7

Marie will mehr als nur Soft-SM. Auf dem Weg, ihre Grenzen zu erforschen, experimentiert die Jurastudentin mit verschiedenen »S«-Partnern, bis sie sich D. als Sklavin auf Zeit verpflichtet. In den vertraglich festgelegten drei Monaten treibt D. Marie dazu, sehr viel weiter zu gehen, als die noch wenig erfahrene Masochistin es je von sich selbst erwartet hätte. Eine pure SM-Affäre hatte es sein sollen, aber gegen ihren Willen und gegen alle Vernunft verliebt Marie sich in D.

Curt S. Mahler: Rührmichan
152 S. ISBN: 978-3-933540-29-4

Ein Journalist belauscht zufällig die Unterhaltung zweier Frauen. Darin geht es um eine Freundin, die der BDSM-Szene angehört. Was der Journalist über die devote Conny und ihren Dom Bambus-Bob erfährt, wird für ihn zum Schlüsselerlebnis. Neugierig sucht er nach Spuren, die das Paar im Internet hinterlassen haben könnte. Dabei stößt er auf eine BDSM-Community, der er sich als Prinz Eisenschmerz anschließt. Es bleibt nicht nur bei virtuellen Bekanntschaften. Auf einer Szene-Party lernt er die Masochistin Rührmichan kennen. Die beiden verlieben sich und verleben einen unbeschwerten, romantischen Sommer miteinander. Doch die Beziehung gestaltet sich schwierig, da Rührmichan mehr Dominanz braucht und intensiver versklavt werden will, als es sich Prinz Eisenschmerz vorgestellt hat.

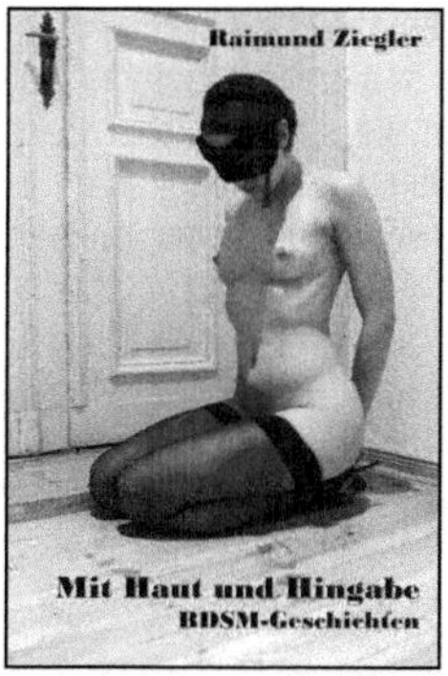

Raimund Ziegler: Mit Haut und Hingabe
176 S., ISBN: 978-3-933540-18-8

Von bizarren Träumen handeln die Geschichten dieses Buches, von harten Sessions und wilden Ausschweifungen. Aber auch von Verführung, von zärtlichen Momenten, denn Dominanz und Unterwerfung sind mehr als ein Spiel in Lack und Leder. Der Autor spürt dem prickelnden Miteinander von Dom und Sub nach, zeigt sie dort, wo sie verletzlich und angreifbar sind. Es gibt zarte Geschichten in diesem Buch, andere sind pervers oder obszön. Zumeist haben sie mit D/s zu tun, und sie reichen stets über utopische Pornofantasien hinaus. Sie beschreiben echte Menschen mit ihren Sehnsüchten wie auch ihrer Realität voller Unsicherheiten und enttäuschter Gefühle, sodass sich gewiss jeder Leser stellenweise wiedererkennen wird.

J. Thal: Julias Hingabe
232 S., ISBN: 978-3-933540-14-0

Julia liebt Schmerz, hat jedoch überhaupt keine Neigung zur Devotion. Unglücklicherweise verliebt sie sich nicht in einen Mann, der sie achtungsvoll mit der Peitsche streichelt, sondern in Nick, einen Dominus, der ihre Unterwerfung fordert. Er setzt sich über ihren Widerstand hinweg und zwingt ihr seine Spiele auf, die sie als kränkend und demütigend empfindet. Sie überlegt immer wieder, die Beziehung zu beenden. Nur liebt sie ihn zu sehr, um ihn zu verlassen. So sehr er sie sexuell drangsaliert, so zärtlich behandelt er sie außerhalb der Spiele, macht sie sich mit der verführerischen Mischung von Zwang und Zuwendung gefügig, sodass sie ihre Unterwerfung als den Preis für diese Liebe anzusehen beginnt, den sie zu zahlen hat.

Why-Not: Die Sklavin des Patriziers
176 S., ISBN: 978-3-933540-21-8
Brutale Piratenüberfälle bedrohen den Handel der Stadtstaaten am Salzmeer. Um dieser Gefahr entgegenzuwirken, schließen die hochrangigen Adeligen der Städte ein Zweckbündnis, sich den Piraten gemeinsam entgegenzustellen. Bald entdecken die Verbündeten jedoch, dass die Piraten die geringste Bedrohung darstellen. Eine geheimnisvolle Macht mit überlegenen Fähigkeiten greift nach der Vorherrschaft in der ganzen Region. Flavius Secundus, ein einflussreicher Patrizier aus Nova-Veni, und Aluna, die Herrscherin von Bator, kommen als erste dahinter, dass sie es nicht nur mit menschlichen Gegnern zu tun haben. Aluna nimmt einen Attentäter der mächtigen Feinde gefangen. Nachdem sie ihn mit Lustfolter gefügig gemacht hat, liefert er ihr wertvolle Informationen über ihre Widersacher und setzt später aus Liebe zu ihr sogar sein Leben ein, um sie im Kampf gegen die Bedrohung zu unterstützen. Auch die anfangs recht widerborstige Sklavin Letitia, die Flavius auf einem Markt erworben hat, entdeckt mit der Zeit zarte Gefühle für ihren Herrn und hilft ihm nach Kräften bei seiner Sache. Dass Flavius die Gefühle seiner Sklavin erwidert, sorgt für weitere Schwierigkeiten. Er riskiert sein Leben bei dem Versuch, sie zu retten, als sie von den Feinden entführt und gefangen gehalten wird.

Carla Berling: Im Netz der Meister
196 S., ISBN: 978-3-933540-15-7

In einem Erotik-Chat trifft die Buchhändlerin Simone einen Mann, der sie in die SM-Welt entführt. In lustvollen Fantasien erlebt sie Unterdrückung, Demütigung und Schmerz. Da sie verheiratet ist, dürfen diese Träume niemals Realität werden. Doch als sie im Netz dem attraktiven, dominanten Boris begegnet, verbringt sie eine erregende Nacht mit ihm. Von Selbstzweifeln und Schuldgefühlen gequält, verbringt sie Stunde um Stunde im Internet, vernachlässigt Geschäft, Familie, Freunde, knüpft immer neue Kontakte zu dominanten Männern und lässt sich mit ihnen auf Sessions ein. Ohne zu bemerken, dass sie sich dabei selbst verliert, riskiert sie immer mehr, bis sie eines Tages an einen Mann gerät, der sie ihren Leichtsinn bitter büßen lässt.

Weitere Bücher und Leseproben finden Sie auf unserer Homepage
www.seitenblickverlag.de
Wir schicken Ihnen auch gerne unseren Katalog per Post.

seitenblick

Seitenblick Verlag • Schillerstr. 1 • 53721 Siegburg
Fon: (02241) 5915-88 • Fax: -89